VIVEMENT APRÈS-DEMAIN !

La liste des précédents livres de Jacques Attali
se trouve en page 229.

Jacques Attali

Vivement après-demain !

Fayard

Couverture : Atelier Didier Thimonier
Illustration : © Massimo Colombo/Getty Images

ISBN : 978-2-213-70111-0
Dépôt légal : octobre 2016

« Tenter, braver, persister, persévérer, s'être fidèle à soi-même, prendre corps-à-corps le destin, étonner la catastrophe par le peu de peur qu'elle nous fait, tantôt affronter la puissance injuste, tantôt insulter la victoire ivre, tenir bon, tenir tête ; voilà l'exemple dont les peuples ont besoin, et la lumière qui les électrise. »

Victor Hugo, *Les Misérables*

INTRODUCTION

Si l'humanité ne s'est pas suicidée d'ici là, si des civilisations existent encore dans un siècle, et si des historiens trouvent encore de l'intérêt à étudier ce que les femmes et les hommes vivent aujourd'hui, ils s'étonneront qu'une révolution planétaire n'ait pas éclaté en 2017 pour prévenir et empêcher la « Grande Catastrophe » qui s'ensuivit.

Ils disserteront doctement sur l'incurie des hommes politiques, le cynisme des patrons, la versatilité des peuples, l'arrogance des banquiers, la puérilité des optimistes, la passivité des pessimistes, la futilité des intellectuels, la vanité des économistes, la pusillanimité des médias, la résignation des faibles et la faible influence de ceux qui anticipaient ce qui se préparait. Ils ne comprendront pas comment on pouvait, en ce temps-là, disserter avec autant de science des origines de l'univers et se révéler incapable de penser l'avenir de l'humanité à l'horizon de quelques semaines (ou au mieux, pour les plus audacieux, quelques décennies). Ils ne comprendront pas pourquoi on n'a pas vu à temps combien nos sociétés étaient suicidaires. Ils se demanderont comment on a pu gâcher tant de ressources, de talents, d'énergie, d'altruisme, de courage et de bonté. Comment on n'a pas su établir le meilleur du monde. Ils chercheront les signes annonciateurs du désastre et les appels à réagir, dans quelques libelles et quelques discours, très écoutés mais peu entendus. Quelqu'un citera Hamlet et dira que le monde, en ce temps-là, n'était plus que désordre, et que le temps était *out of joint*, « hors de ses gonds ».

De fait, très bientôt à l'échelle de l'Histoire, dans un ou dix ou quinze ans, en tout cas avant 2030, si rien n'est fait, surviendra une catastrophe employant des moyens nouveaux au service de l'éternelle barbarie des hommes ; un tsunami égalisateur des destins, auquel personne, pas même les plus riches ni les plus puissants, n'échappera. Avant qu'on ne reconstruise une autre société sur les décombres de la précédente, pleurant un désastre qu'on aurait pu éviter.

L'ambition de ce livre est la suivante : donner à chacun les moyens de connaître les promesses et les menaces du monde, d'en mesurer les chances et les risques, pour y naviguer au mieux entre les écueils, et rejoindre le port de son choix. Pour tirer le meilleur du monde. Et pour que chacun puisse y devenir soi.

*

De fait, nous vivons une histoire sans cesse en devenir, faite de tragédies et de bonheurs, qui s'achemine, depuis quelques années et d'une façon bientôt irréversible, vers le chaos. Dans tous les domaines. Malgré d'innombrables raisons d'espérer, les formidables étincelles du bonheur, dont nous sommes entourés.

De fait, si l'économie ne constitue pas l'essentiel de la réalité, ni même la principale des promesses ou des menaces à venir, c'est bien d'elle que tout part aujourd'hui. Le fondement de ce que nous vivons, et vivrons, peut, en effet, se résumer en quelques mots : nous avons laissé se mettre en place, au nom de la liberté, dans le monde tout entier, une globalisation des marchés, une société régie par l'argent, sans autre valeur que le prix des choses, sans autres règles que l'égoïsme et la cupidité, conduisant à la déloyauté et à la destruction ; sans laisser la place à une autre éthique, une autre attitude au monde, qui lui donnerait du sens. Et sans laisser se mettre en place une globalisation des règles de droit, qui serait porteuse de sécurité et de liberté, pour chacun et pour tous.

Le marché impose ainsi, de plus en plus, sa dictature au monde, sans qu'une gouvernance planétaire le contraigne à respecter une règle de droit. En particulier, aucune règle ne limite ni ne réoriente la production de tout ce qui détruit la nature et dérègle le climat ; aucun mécanisme ne réduit la concentration des richesses ; rien n'empêche les plus vieux, de plus en plus puissants, de vivre de plus en plus aux crochets des plus jeunes, qui trouvent de moins en moins d'opportunités pour réaliser leur potentiel ; plus généralement, rien ne pousse chacun à comprendre qu'il a intérêt au bonheur des autres.

Telle est la cause de tous les malheurs du temps ; et cette explication recouvre toutes les autres, en particulier celle, si à la mode aujourd'hui parmi les économistes, d'une stagnation séculaire de l'économie, qui nous préparerait un siècle languissant.

Dans une telle société, devenue économie-monde, tout, ou presque, est désormais à vendre et à acheter. Dans un déluge technologique, organisant un spectacle planétaire d'innovations plus ou moins futiles, tout est mis en relation et tout se mêle : les gens, les choses, les civilisations, le passé, le présent, l'avenir. Du neuf naît sans cesse de ces rencontres ;

mouvements tourbillonnants, libertés plus ou moins illusoires. Comme quand, dans la confusion extrême des courants et des rives, des fleuves se rencontrent dans un delta, incertains de leurs destins, de leur identité et de leur raison d'être, luttant pour continuer d'exister, avant de disparaître dans la mer.

Dans ces temps troublés, il est triste de voir les gouvernements comme les particuliers espérer s'en sortir, en s'endettant plus que de raison auprès des générations suivantes, en espérant que surgira bientôt un hypothétique sauveur, économique, politique, idéologique ou technologique, permettant de tout rembourser et de trancher ce nœud de contradictions.

Car un tel sauveur ne viendra pas ; l'humanité ne sera sauvée ni par le jeu naturel de mystérieuses forces de rééquilibrage internes aux mécanismes de marché ni par une innovation miraculeuse. Si elle ne change pas d'éthique, si elle ne laisse pas surgir, fleurir, s'imposer tous les acteurs altruistes du monde, tous ceux qui pensent à l'intérêt des générations suivantes, et si elle ne les laisse pas instaurer les règles de droit planétaires dont ils ont besoin, elle devra, une fois de plus, passer par une explosion destructrice, dont ce que nous vivons aujourd'hui n'est qu'une infime annonce.

Attendre ne sert donc à rien. Pire encore : plus on tarde à affronter tous ces enjeux, plus la vengeance de la réalité, naturelle et humaine, sera violente. Nous sommes entrés dans une économie de la rage, une société de violence planétaire, où tous ceux, immensément majoritaires, qui ne bénéficient pas des richesses obscènes d'une poignée d'individus, étouffent de frustration. Et cette rage pourrait devenir colère et exploser en une guerre de tous contre tous. Au lieu d'être sereinement orientée vers l'épanouissement de soi, la libération des potentiels de chacun, la mise en place du meilleur du monde.

Depuis des années déjà, nombreux sont ceux qui prévoient avec un peu d'avance les événements positifs et négatifs avec quelque pertinence. En craignant toujours d'avoir raison, en constatant avec angoisse que la réalité – de la violence comme de la lâcheté – se révèle chaque jour pire que leurs plus noirs pronostics. Plus nombreux encore sont ceux qui agissent pour éviter le pire et construire le meilleur du monde, pour les prochaines générations.

Est-il trop tard pour faire en sorte que le meilleur l'emporte ? Je ne le crois pas. En 2030, sans aucun doute, il le sera.

Aussi, je veux raconter ici tout ce qui peut toucher le monde, pour le meilleur et pour le pire, d'ici à 2030. Pour que chacun puisse comprendre l'urgence d'agir, pour lui et les autres.

Pour y parvenir, il me sera nécessaire de passer par la mise en lumière de beaucoup de données, connues ou méconnues. Elles permettront de comprendre que le futur est plus fou encore, pour le pire et le meilleur, que ce que pourrait laisser penser la simple prolongation des tendances actuelles. Car il résultera de l'interaction, à chaque seconde, de l'action, de la créativité, de la rage, de la folie, de la colère, de la volonté positive de 8 milliards de personnes ; ce qui veut dire, en fait, de près de 20 milliards de personnes, si on tient compte de tous ceux qui seront passés sur cette planète d'ici 2030.

Face à ces enjeux, ces promesses et ces drames, tout se passe comme si une bonne part de l'humanité renonçait à agir sur son destin. Comme si beaucoup avaient choisi de vivre en spectateurs dans un théâtre.

La pièce semble écrite ; les comédiens entrent sur le plateau sans presser le pas. Bientôt, si nous n'agissons pas, si nous ne montons pas sur scène pour faire le meilleur pour soi et pour les autres, changer le texte, renverser la table, l'irréversible cauchemar aura lieu.

Il nous faut prendre conscience de la réalité du monde. Et de l'urgence d'y maîtriser sa vie. Nous ne devons attendre de personne ni sauvetage individuel, ni salut collectif, l'un et l'autre étant inextricablement liés.

Une fois posé le diagnostic, il faudra agir, même si c'est difficile, même si les lieux de pouvoir ne sont plus aussi aisément discernables que par le passé. Il faudra d'abord et avant tout attacher de l'importance à sa propre vie, ne pas la penser déterminée par d'autres, prendre conscience de son unicité, de sa brièveté ; comprendre que son bonheur dépend de celui des autres ; et plus généralement, de ce que le monde est, et pourrait devenir. Et en tirer le courage d'agir, pour soi et pour les autres.

C'est du devenir-soi que dépendra le devenir du monde.

Chapitre 1

LA RAGE

Comprendre le monde pour que sa propre vie puisse prendre un sens, pour ne pas se contenter des miettes des richesses du temps. Dresser d'abord un tableau du monde tel qu'il est.

À un moment où de moins en moins de faits échappent à une analyse quantitative, où les statistiques sont de plus en plus sophistiquées, on peut faire une photographie de plus en plus fine du réel. En n'oubliant pas que l'essentiel est à chercher dans le mouvement des techniques, des idées, des rapports de force, des œuvres d'art et dans quelques signaux faibles, culturels et politiques, trop souvent négligés.

Si elle a un sens, l'Histoire est faite d'un double mouvement : depuis l'aube des temps, l'humanité est capable de faire de plus en plus de bien ; et de plus en plus de mal. Elle dispose d'une quantité sans cesse croissante de ressources pour être heureuse et libre ; et aussi elle a des moyens sans cesse plus puissants pour se détruire et entraîner dans son suicide d'autres formes de vie.

À tout moment, le monde est plein de lumières et d'ombres, de violences et de douceurs, de barbarie et de générosité, de création et de destruction. À certaines périodes, il y eut nettement plus de bien que de mal ; à l'inverse, parfois, le pire dominait. Au long des siècles, les Lumières et les Inquisitions se sont ainsi suivies et mêlées dans un mouvement chaotique et incertain.

À l'heure où j'écris, le monde dispose de moyens de faire beaucoup de bien, et les acteurs du bien sont de plus en plus nombreux, mais il est plutôt dominé par les forces du mal.

Un tableau détaillé des atouts du monde présent mérite donc d'être dressé, avant de rendre compte des dimensions les plus négatives du moment, et de faire la balance de l'un et de l'autre, pour l'avenir.

TOUT SEMBLE ALLER POUR LE MIEUX

Ceux qui disent que tout va bien, qu'aucune crise sérieuse ne nous menace plus vraiment, que le pire est passé, que l'humanité est promise à un magnifique avenir, que le marché fournit tous les éléments de solution à tous les problèmes du monde ne manquent pas d'arguments. Bien des données établissent en effet que l'humanité se porte de mieux en mieux, dans bien des dimensions : le niveau de vie global, et en particulier celui des plus pauvres, a augmenté sensiblement ; l'espérance de vie de l'humanité s'est considérablement allongée ; bien des objets et services, antérieurement inaccessibles, sont aujourd'hui à la portée de presque tous ; la démocratie s'étend, et avec elle la solidarité et la bienveillance ; enfin, le niveau de violence, de quelque façon qu'on le mesure, a beaucoup décliné.

Une croissance continue du niveau de vie du monde

De fait, le niveau de vie moyen de l'humanité, mesuré quantitativement, n'a cessé de croître depuis un siècle, et plus encore depuis trente ans. Plus précisément, le PIB mondial a augmenté tous les ans depuis 1975, sauf en 2009 ; et il a plus que doublé depuis l'an 2000. En particulier, les PIB de la Chine et de l'Inde ont été respectivement multipliés par 2,4 et 2,3 entre 2008 et 2015. Le niveau de richesse de la Chine, qui équivalait en 2000 à celui des États-Unis de 1939, est, en 2015, semblable au niveau de richesse américain de 1972[1].

Le PIB par habitant (qui mesure le revenu monétaire annuel de chaque habitant de la planète en parité de pouvoir d'achat) a triplé entre 1990 et 2015, passant de 5 400 à 15 400 dollars internationaux courants (PPA), augmentant beaucoup plus vite en Asie que sur les autres continents.

Cette évolution décrit évidemment une réalité moyenne, et purement monétaire ; et nous aurons à revenir sur ce qu'elle montre, et ce qu'elle cache.

Une élévation continue de l'espérance de vie

L'espérance de vie à la naissance a augmenté considérablement partout dans le monde depuis un demi-siècle, passant de 46,9 ans pour les hommes et les femmes en 1965 à 71,4 ans en 2015[2]. Elle a en particulier progressé de 5 ans depuis 2000, ce qui représente la hausse la plus rapide depuis plus de 50 ans. Cette évolution a été particulièrement rapide en Afrique, représentant 9,4 ans entre 2000 et 2015 ; grâce en particulier aux progrès en matière de lutte contre la mortalité maternelle et infantile, contre le paludisme, et à l'amélioration de l'accès aux médicaments contre le VIH. L'écart en termes d'espérance de vie entre pays développés et en développement a diminué, passant de 23 ans en 1950 à 10 ans en 2015.

La réduction avérée de l'extrême pauvreté

La part de la population mondiale vivant en situation d'extrême pauvreté a été divisée par 3,5 de 1985 à 2015. Malgré le relèvement du seuil définissant l'extrême pauvreté (de 1,25 dollar à 1,90 dollar par jour), le nombre de personnes vivant dans cette situation est passé pour la première fois en 2015 sous la barre des 10 % de la population mondiale[3]. Plus précisément, 702 millions de personnes – soit 9,6 % de la population mondiale – vivent encore en 2016 sous le seuil de pauvreté, contre 902 millions en 2012.

Cette évolution est également reflétée par d'autres indicateurs de la pauvreté extrême : par exemple, de 1990 à 2014, le nombre de personnes ne mangeant pas à leur faim dans le monde a décru de 39 % ; dans les pays émergents, ce taux est passé de 20 % à 12 % de la population[4].

Cela ne dit évidemment rien de la misère morale, du désarroi que fabrique notre monde, à des niveaux moins bas de revenu ; nous en reparlerons plus loin.

La réduction du coût d'un très grand nombre de biens et de services

La globalisation, créatrice de compétition, et le progrès technique, créateur de productivité, ont réduit massivement le coût de certains produits et donc amélioré le pouvoir d'achat de tous.

La production se faisant là où elle est la moins coûteuse, on assiste à une internationalisation et à une recomposition des chaînes de valeur à l'échelle mondiale dans le contexte d'une croissance rapide du commerce mondial : les exportations mondiales de marchandises sont passées de 5 000 milliards de dollars en 1995 à 19 000 milliards de dollars en 2014 ; dans le même temps, les exportations mondiales de services commerciaux ont, elles, crû de 1 à 5 000 milliards de dollars selon les données de l'OMC. En conséquence, la part du commerce mondial dans le PIB mondial (en valeur) est passée de 20 % en 1995 à 30 % en 2014. D'après la Cnuced, les investissements à l'étranger sont passés d'une valeur de 300 milliards de dollars en 1995 à près de 1 700 milliards de dollars en 2015.

Cette globalisation des échanges a permis de produire là où cela est le moins coûteux les biens nécessaires à la vie quotidienne et donc de réduire leur coût pour le consommateur final. Ainsi des vêtements, dont les prix ont baissé massivement : entre 1970 et 2012, leur prix a été divisé par 6 au Royaume-Uni, par 2,75 aux États-Unis, et par 1,25 en France[5]. De même, on a assisté à la baisse massive depuis dix ans du prix des téléviseurs, des équipements d'électroménager, des téléphones mobiles, même des panneaux solaires. Le prix des ordinateurs portables et des périphériques a diminué de 90 % depuis 1997 ; le prix de l'accès à Internet a diminué de 25 % au cours de la même période[6] ; le prix des services de téléphonie mobile a décru de 50 % depuis 1996[7].

Un accès généralisé aux nouveaux moyens de communication

En 2016, 7 milliards de personnes (soit 95 % de la population mondiale) ont accès à un réseau de téléphonie mobile (dont 6,2 milliards à un réseau haut débit). 3,8 milliards d'humains possèdent un téléphone portable ; 2 milliards sont des utilisateurs actifs de réseaux sociaux depuis leur smartphone.

Selon la Banque mondiale, en 2016, 49,2 % de la population mondiale utilise Internet, contre 1,3 % en 1996. Selon le rapport annuel « Digital in 2016 » de l'agence We Are Social, sur 7,4 milliards d'individus, 2,3 milliards sont des utilisateurs actifs des réseaux sociaux. En 2016, 144 milliards d'e-mails sont échangés chaque jour (dont 68,8 % sont des spams). 822 240 nouveaux sites Internet sont mis en ligne chaque jour. En 2015, 3,5 milliards de photos ont été mises en ligne chaque jour sur les principaux réseaux sociaux (Snapchat, Facebook, Instagram et WhatsApp). En 2009, ce nombre n'était que de 100 millions seulement[8].

Le volume total de données échangées sur Internet pour la seule année 2015 est de l'ordre de 960 exabytes (1×10^{18} bytes) contre 54 petabytes (1×10^{15} bytes) en 1999.

Les données disponibles pour tous sur Internet ont crû dans des proportions gigantesques. En 1995, le moteur de recherche alors le plus avancé, Lycos, indexait 1,5 million de documents[9] contre 60 000 milliards pour Google en 2016[10].

Cela a permis en particulier de créer des moyens très puissants pour communiquer gratuitement : 3 milliards de minutes de communication sont enregistrées par Skype chaque jour[11] et WhatsApp enregistre 100 millions d'appels par jour[12]. Mais aussi des moyens de s'informer : chaque jour, 3,3 milliards de requêtes sont soumises au moteur de recherche de Google[13]. Et des moyens de commercer : en 2014, 1,15 milliard de personnes ont effectué au moins une transaction par mobile dans le monde. 16 % des habitants d'Afrique subsaharienne ont utilisé des services de banque en ligne en 2014[14].

L'usage généralisé de l'ordinateur, de la téléphonie mobile, et l'accès à Internet permettent ainsi à la plupart des humains, même les plus isolés et les plus pauvres, de communiquer les uns avec les autres ; bouleversant la vie des villages isolés, des familles séparées par le départ d'un membre parti travailler ailleurs ; améliorant la santé des familles, capables d'appeler un infirmier ou un médecin ; améliorant la sécurité des villages, pouvant appeler la police ; augmentant le revenu des paysans, qui peuvent connaître le cours des produits agricoles sans dépendre des informations données par des intermédiaires, parmi bien d'autres conséquences positives.

Sont aussi apparus de nouveaux modèles ou services précédemment inenvisageables, allant de l'analyse des communications à l'échelle planétaire à des fins de renseignement et de sécurité à des gains de temps dans les transports. En 2015, 3,6 milliards d'objets étaient ainsi connectés aux systèmes de positionnement par satellite, dont 3 milliards de smartphones[15].

Bouleversement de l'agriculture, de l'éducation et de la santé

L'utilisation d'objets connectés et de capteurs permet de collecter en temps réel quantité de données biologiques, météorologiques, chimiques, etc., et d'améliorer la production agricole. Ainsi du programme de gestion parcellaire Geofolia, qui analyse et guide en direct l'agriculteur en fonction de données essentielles comme les quantités et l'impact des produits de traitement utilisés sur ses cultures. Ainsi du projet Crocus de l'Institut de recherche en sciences et technologies pour l'environnement et l'agriculture (Irstea), qui propose un système de capteurs collectant sur les parcelles des données dont l'analyse doit permettre de prévoir les risques éventuels rencontrés sur le terrain (présence de nuisibles, de maladies...)[16]. Ainsi de l'utilisation de drones, tels ceux de Dron'images ou d'Airinov, permettant de connaître la biomasse des plantes afin de mieux définir le potentiel de rendement des sols. Ainsi de BoniRob, un robot intelligent capable de distinguer visuellement et à grande vitesse les mauvaises herbes avant de les éliminer.

L'éducation commence aussi à être bouleversée par ces nouvelles technologies : selon la base de données Class Central (qui suit l'évolution de l'enseignement en ligne), il existe en 2016 près de 4 200 MOOCs (cours en ligne, accessibles à tous) créés par plus de 600 universités dans le monde entier. 35 millions d'étudiants ont suivi un MOOC en 2015. Aux États-Unis, plus de 5,8 millions d'étudiants ont suivi au moins un cours en ligne entre septembre et décembre 2014 (sur une population de 21 millions de personnes étudiant au sein d'une institution délivrant un diplôme)[17]. Une étude de Coursera (l'un des leaders sur le marché des MOOCs) conclut que les populations qui profitent le plus des MOOCs (en termes d'accélération de carrière) sont les moins diplômées (40 % d'entre elles disant que le MOOC a eu des effets positifs tangibles sur leur carrière, contre moins d'un tiers de la population détenant déjà un diplôme équivalent licence ou supérieur)[18]. En Inde, l'éducation à distance représentait en 2013 12,5 % des inscriptions totales dans le supérieur (soit plus de 3 millions d'étudiants)[19]. Hujiang, le numéro un chinois de l'éducation en ligne, revendique plus de 80 millions d'inscrits (dont 3 millions à des offres payantes)[20] ; l'une des offres les plus populaires est la formation au *gaokao*, le concours national d'entrée à l'université.

En proposant des offres de soins de plus en plus intégrées, en automatisant et numérisant le partage d'informations et le traitement des dossiers médicaux, la santé numérique s'affranchit des distances physiques. En Amérique du Nord, plus de 44 millions d'applications de santé numériques ont été téléchargées en 2015. Selon un rapport de l'OMS, 31 des 53 pays d'Europe disposaient en 2015 d'un système électronique de dossiers médicaux pour les patients, et 38 avaient mis en place des systèmes de *monitoring* à distance de données vitales chez certains malades[21]. Une étude au Royaume-Uni portant sur 6 200 patients et visant à évaluer l'impact du suivi à distance des patients a montré que celui-ci permettait en 2015 une réduction de 8 % des dépenses de santé, de 14 % des admissions à l'hôpital et de 45 % du taux de mortalité.

De nouveaux progrès techniques réduisent la pénibilité du travail

Les robots bouleversent déjà profondément les conditions du travail et de la vie quotidienne. 229 000 robots auraient été vendus en 2014 (soit deux fois plus qu'il y a dix ans et 30 % de plus qu'en 2013)[22]. Il y a plus de 1,2 million de robots industriels en activité dans le monde[23]. Reflet de la situation de l'économie mondiale, l'Asie en est le premier marché. Les « cobots », robots dirigés par l'homme sur une chaîne de production, le soulagent des tâches répétitives les plus pénibles. Des exosquelettes mécaniques allègent la charge portée par les ouvriers.

Bouleversement de l'organisation des entreprises

D'un modèle pyramidal, fortement concentré, vertical et hiérarchisé, les entreprises se convertissent progressivement à une structure horizontale et atomisée en centres de décision autonomes, à même de diluer et fragmenter l'information en la faisant circuler quasi librement dans tous les sens et non plus seulement de façon descendante. Celles, de plus en plus nombreuses, qui ont recours aux marchés financiers ont désormais l'obligation de divulguer l'information sur leurs comptes *via* des publications régulières et en libre accès, pour convaincre une communauté d'actionnaires qui leur est désormais inconnue, à la différence d'autres entreprises, de moins en moins nombreuses, qui se financent par l'endettement auprès de banques et qui n'ont de comptes à rendre qu'à leurs banquiers. De nouveaux statuts d'entreprise apparaissent aussi, permettant d'associer l'entreprise à un objectif d'intérêt général ou collaboratif.

L'économie collaborative

Les nouvelles technologies favorisent le développement d'une économie collaborative, qui permet aux consommateurs de mettre en commun leurs moyens pour concurrencer les entreprises. Le chiffre d'affaires mondial de l'économie collaborative s'élevait à près de 26 milliards de dollars en 2013. Il semblerait que l'économie collaborative crée désormais plus de valeur qu'elle n'en détruit. AirBnb, l'un des leaders de l'hébergement collaboratif, assure déjà le logement de 425 000 personnes chaque nuit, soit plus de 155 millions d'individus chaque année. En comparaison, la prestigieuse chaîne d'hôtels Hilton n'a accueilli que 127 millions de clients en 2014[24]. Uber, leader de l'économie collaborative du transport, est présent dans plus de 250 villes à travers le monde et affichait en juin 2016 une capitalisation de 66 milliards de dollars, soit plus que celle de compagnies de transport majeures comme Delta Airlines, American Airlines ou United Continental.

Le développement de la coopération et de l'altruisme

L'action humanitaire et altruiste dans le monde prend de plus en plus d'ampleur. Une dimension du monde, radicalement différente de l'individualisme et de l'avidité, commence à influer sur la réalité. Elle est organisée par quatre grandes familles d'acteurs : les ONG, les agences onusiennes, le mouvement de la Croix-Rouge et les États. En 2014, 22 milliards de dollars ont été dépensés en aide humanitaire internationale, dont 60 % par les agences onusiennes, 20 % par les ONG, 10 % par la Croix-Rouge et 10 % dans le cadre d'aides gouvernementales bilatérales[25]. Chacune de ces grandes familles d'action humanitaire est elle-même très hétérogène ; ainsi, les ONG se divisent entre, d'un côté, le modèle scandinave (ONG financées par des fonds gouvernementaux et conçues comme des outils de politique étrangère) et, de l'autre, le modèle méditerranéen, à l'image de Médecins sans frontières, où l'approche se veut en rupture avec celles des gouvernements, même quand elles en acceptent les financements. Des ONG d'Asie, de plus en plus puissantes, suivent encore d'autres modèles très différents : ainsi de BRAC (Bangladesh Rural Advancement

Committee), une des plus grandes ONG du monde, basée au Bangladesh, qui reçoit 500 millions d'euros (80 % de son budget annuel) *via* un réseau d'entreprises sociales dont elle est actionnaire. Ainsi de la Naandi Foundation en Inde, qui, par l'intermédiaire d'un réseau de 400 mini-usines villageoises de traitement de l'eau, assure un accès à l'eau potable à plus de 600 000 personnes. Ainsi de la Sustainable Healthcare Foundation, ayant créé un système franchisé de pharmacies et de dispensaires afin d'améliorer l'accès aux soins dans les bidonvilles du Kenya et du Rwanda, tout en offrant aux salariés de ces établissements un revenu compétitif. Et tant d'autres à travers le monde, qui travaillent de façon altruiste, dans le cadre de l'économie de marché.

Complémentaires des ONG, des plateformes permettent aussi, en les finançant, aux personnes bienveillantes, altruistes, de consacrer du temps à leurs concitoyens. Ainsi de MakeSense, plateforme française réunissant une communauté de plus de 5 000 adhérents de San Francisco à Ho-Chi-Minh-Ville. Ensemble, ils ont réalisé des centaines d'ateliers afin d'épauler plus de 200 entrepreneurs sociaux pour répondre à leurs enjeux de développement[26].

Des fondations commencent aussi à jouer un rôle majeur dans la réponse à des défis sociaux planétaires en finançant leurs propres programmes ou ceux d'ONG. Aux États-Unis, en 2011, la philanthropie représente 2,3 % du PIB ; 0,2 % du PIB en France ; 0,25 % au Japon ; 0,4 % en Allemagne et 1 % au Royaume-Uni[27]. Selon le rapport annuel sur la philanthropie américaine, « Giving USA », près de 60 milliards de dollars ont été donnés par des Américains, en 2015, à des fondations. Par exemple, grâce à ces fondations, les fonds alloués à la lutte contre la malaria en Afrique ont été multipliés par 10 de 2010 à 2015, ce qui a contribué à réduire de 25 % le nombre de nouveaux cas et de 42 % le nombre de morts dues à cette maladie.

156 milliardaires américains ont rejoint l'initiative The Giving Pledge, acceptant ainsi de reverser à des fondations au cours de leur vie ou à leur mort 50 % de leur fortune personnelle ; en avril 2016, le total des donations ainsi recueillies s'élevait à 365 milliards de dollars (139 milliardaires ayant signé le *pledge* à cette date). Le fondateur de Facebook y a ajouté 3 milliards de dollars en septembre 2016.

Le renforcement de la démocratie

Depuis 50 ans, le nombre de pays ayant échappé à la dictature a énormément augmenté, en Europe de l'Est, en Asie, en Afrique, en Amérique latine. De très nombreuses institutions et ONG contrôlent et vérifient désormais partout dans le monde la sincérité des élections, la liberté de la presse, le respect des droits des partis. De moins en moins de violations des droits de l'homme échappent aux ONG spécialisées, comme Amnesty International. Les lanceurs d'alerte sont devenus des acteurs majeurs de la transparence ; en 2010, Chelsea/Bradley Manning a partagé officieusement avec Wikileaks des documents secrets issus de l'armée et de la diplomatie américaines. En 2013, Edward Snowden a révélé d'une façon très utile l'ampleur du programme PRISM de la NSA. En 2015, Hervé Falciani a partagé avec des gouvernements européens des listes de clients étrangers de la branche suisse de HSBC. Antoine Deltour (Luxleaks) a révélé les accords fiscaux entre des multinationales et le gouvernement luxembourgeois. En 2015, d'autres lanceurs d'alerte ont été à l'origine de 638 investigations judiciaires. Tout cela a un impact très positif sur le renforcement de la transparence, condition de la stabilité démocratique.

L'équilibre géopolitique du monde semble stabilisé autour des États-Unis d'Amérique

Un des signes de la stabilité géopolitique du monde de 2016 peut être vu dans le dynamisme retrouvé de son principal moteur, les États-Unis, qu'aucune autre puissance ne semble en situation de concurrencer et qui paraissent en excellente santé économique et politique, et toujours capables de jouer un rôle majeur dans la stabilité mondiale.

Ils restent une démocratie stable et puissante : selon l'ONG Freedom House, les États-Unis sont une démocratie robuste à la stabilité institutionnelle et aux libertés publiques assurées. En 2015, les États-Unis arrivent encore en vingtième position du « Democracy Index » de *The Economist*, qui classe plus de 200 pays.

Leur armée est sans conteste la première du monde : le budget militaire américain est en 2016 supérieur au total des budgets militaires des neuf autres pays les plus puissants. Les armées des États-Unis disposent de 13 900 avions, 920 hélicoptères d'attaque, 20 porte-aéronefs et 72 sous-marins. Leur personnel militaire actif et de réserve s'élève respectivement à 1,6 et 1,1 million d'individus, contre 766 000 et 2,5 millions pour la Russie

(2e armée du monde). Les armées américaines sont présentes dans 160 pays à travers 800 bases militaires, représentant 95 % des bases étrangères mondiales[28]. Les États-Unis disposeraient au plus de 6 970 ogives nucléaires (dont 2 300 en attente de démantèlement) – à titre de comparaison, la France en compte 300 et le Royaume-Uni 215 en 2016[29].

Leur économie est de nouveau prospère. La croissance y est revenue, après la crise de 2008 ; les innovations y sont florissantes ; jamais on n'y a créé autant d'entreprises ; le taux de chômage a diminué de moitié entre 2009 et 2016, se stabilisant à 4,9 % en juin 2016 ; l'endettement des ménages américains est revenu à son niveau de 2002 ; les talents s'y précipitent : les migrations de scientifiques et d'ingénieurs indiens vers les États-Unis ont augmenté de 85 % en 10 ans. La Silicon Valley et ses 19 000 start-up dominent nettement la scène avec les écosystèmes technologiques les plus dynamiques au monde. Les capitaux y abondent pour financer les innovations.

Les médias américains ont plus d'influence que jamais sur la planète : le chiffre d'affaires américain des médias et du divertissement représente un tiers du marché mondial.

La prise de conscience mondiale des enjeux écologiques

La détérioration du climat, devenue un fait, a poussé à la prise de conscience des enjeux écologiques. Plus de la moitié des pays à revenu élevé et plus du tiers des pays à revenu faible ou intermédiaire ont réussi à réduire leur pollution atmosphérique de plus de 5 % en 5 ans[30]. Certains pays sont particulièrement exemplaires, tels, selon le Climate Action Tracker, le Bhoutan, qui se place en tête des pays les plus écologistes du monde : son gouvernement a instauré en 2005 un Programme biologique national pour former les agriculteurs aux pratiques écologiques ; et il met tout en œuvre pour atteindre une empreinte carbone nulle, en investissant notamment dans des centrales hydroélectriques, qui couvrent en 2016 dix fois les besoins en électricité du pays. Le Costa Rica annonçait dès 2007 sa volonté d'atteindre une empreinte carbone nulle d'ici 2021 et de réduire de 25 % ses émissions de gaz à effet de serre d'ici 2030 ; aujourd'hui, ce pays tient ces engagements et capitalise sur l'écotourisme et la préservation de ses forêts amazoniennes – concentrant 6 % de la biodiversité mondiale. Le Maroc – hôte de la COP22 en 2017 – a inscrit dans sa nouvelle constitution de 2011 le principe de développement durable et de protection des ressources naturelles.

Plus généralement, le succès de la COP21 à Paris en 2016 a été exemplaire. Les accords signés par 177 pays visent à contenir le réchauffement climatique au-dessous du seuil de 2° C supplémentaires par rapport au niveau pré-industriel. Ils sont le résultat d'une pression de milliers d'ONG sur les gouvernements. Ces accords constituent une étape très importante vers la mise en place d'un état de droit planétaire dans ce domaine. Plus gros pollueurs de la planète, la Chine et les États-Unis ont tous deux ratifié cet accord mondial sur le climat.

Par ailleurs, d'autres dimensions d'une économie plus durable sont en train de se mettre en place. Et les initiatives se multiplient à travers le monde.

Ainsi de la Convention des Nations unies sur la lutte contre la désertification, qui propose une nouvelle méthode de gestion des écosystèmes en zone aride et des flux d'aide au développement. L'Inde a créé un Institut de recherche sur la salinité des sols, rattaché au Conseil indien pour la recherche agricole, chargé d'instaurer une gestion durable des sols et de contrôler la qualité des eaux utilisées en agriculture.

De nombreuses initiatives individuelles vont également dans ce sens. Ainsi de Kiara Nirghin, une Sud-Africaine de 16 ans qui a remporté le Google Community Impact Award en août 2016 pour avoir inventé un polymère super-absorbant, à base de peau d'orange et d'avocat, capable de combattre la sécheresse. Ainsi de Glowee, une start-up qui entend éclairer les vitrines et le mobilier urbain à l'aide de micro-organismes issus de méduses, de calamars et de plancton. Ainsi du radiateur numérique développé par Qarnot Computing destiné à convertir la chaleur produite par un ordinateur en énergie réutilisable, ou de Defab, qui prévoit aussi de récupérer la chaleur générée par des serveurs informatiques pour chauffer l'eau de collectivités locales.

Même les agriculteurs les plus conventionnels sont de plus en plus concernés par la pérennité de leur sol parce qu'ils sont confrontés à l'appauvrissement de leurs terres, dû à l'utilisation intensive d'engrais et de pesticides. Une agriculture raisonnée, qui a encore partiellement recours aux intrants, pesticides et engrais, se développe partout dans le monde : 2 % des terres arables du monde seraient déjà aujourd'hui exploitées suivant ces principes[31], dont un tiers aux États-Unis. La France, le Brésil, l'Inde et le Ghana s'y convertissent progressivement.

Une humanité de plus en plus consciente de son unité

Des mouvements de plus en plus importants de gens et d'idées traversent toute la planète. Ils se croisent, se mêlent, se nourrissent les uns les autres, créant une interdépendance croissante de l'humanité, et entraînent une prise de conscience de son unicité. Selon l'Organisation mondiale du tourisme, 1,2 milliard de touristes internationaux ont voyagé en 2015. Ils n'étaient que 541 millions en 1995.

De même, les migrants participent de cette prise de conscience, en portant avec eux une dimension de la diversité du monde. Selon la Banque mondiale, près de 250 millions d'individus vivaient en 2015 dans un autre pays que celui de leur naissance. Il faut y ajouter au moins 20 millions de réfugiés. Les migrations Sud-Sud ont dépassé les migrations Sud-Nord depuis 2013 : plus de 38 % des migrants internationaux ont migré d'un pays en développement vers un autre, alors que 34 % ont quitté un pays en développement pour s'installer dans un pays développé. Les migrants internationaux envoient en 2015 près de 600 milliards de dollars à leurs familles restées dans les pays d'origine.

Les religions sont aussi, pour l'essentiel, un facteur d'unité, puisqu'elles rassemblent des gens vivant dans des lieux très différents du monde. 2,3 milliards d'humains sont chrétiens, dont 585 millions sont évangéliques, Église la plus dynamique du christianisme. Les musulmans sont 1,5 milliard.

Le renforcement de l'état de droit international

Bien des éléments indiquent que, avec cette prise de conscience de l'unité du monde, l'état de droit international se renforce.

Le droit des conflits armés, aussi appelé « droit international humanitaire », constitué par les conventions de Genève, régulièrement amendées depuis 1949, ratifiées désormais par tous les pays du monde, fixe les limites des actes autorisés en temps de guerre et est à peu près respecté. La Charte des Nations unies, qui interdit l'usage de la force dans les relations interétatiques (exception faite des cas de légitime défense ou de préservation de la sécurité collective), l'est aussi. Les Nations unies gèrent en 2016 16 opérations de maintien de la paix avec des Casques bleus huit fois plus nombreux qu'en 1999.

On assiste aussi à un renforcement de l'état de droit, sur le plan économique et commercial, à travers le développement d'organisations internationales spécialisées. Ainsi, l'Organisation mondiale du commerce (OMC) compte en 2016 164 pays membres, contre 128 à sa création en janvier 1995 ; de plus en plus de litiges commerciaux sont portés devant l'organe de règlement des différends (ORD) de l'OMC, organisation vraiment supranationale et source de droit international.

L'OCDE joue un rôle croissant, en particulier pour organiser la transparence fiscale mondiale et la disparition des paradis fiscaux : 34 des 40 pays identifiés par l'OCDE comme étant des paradis fiscaux ont désormais signé des accords de transparence et d'échange de données avec l'extérieur[32]. 90 accords d'échange de renseignements ont été signés et 60 conventions fiscales revues pour adopter des normes à l'échelle mondiale.

Le Comité de Bâle joue aussi un rôle croissant pour fixer les règles de supervision bancaire à l'échelle mondiale.

Des sanctions de plus en plus fortes sont infligées aux entreprises qui cherchent à échapper au contrôle des États : amendes records infligées aux banques impliquées dans la crise des subprimes ou dans le commerce avec des pays sous sanctions internationales ; offensive des autorités européennes contre l'arbitrage fiscal (avec notamment une amende de 13 milliards d'euros contre Apple) ; amendes contre les entreprises violant les normes antipollution.

De nombreux tribunaux à vocation planétaire sont aussi en action. 121 États (dont la totalité du G20, à l'exception de l'Indonésie) sont signataires d'au moins une des deux conventions de La Haye (de 1899 et 1907), fondatrices de la Cour permanente d'Arbitrage. La quasi-totalité des pays du monde sont membres de la Cour internationale de justice (CIJ), à laquelle renvoient plus de 300 traités bilatéraux ou multilatéraux[33] ; cette cour s'est saisie de 164 affaires depuis sa création en 1946 sur des sujets très larges, allant de la saisie d'actifs financiers à des contentieux territoriaux en passant par l'utilisation de l'eau de fleuves transfrontaliers. Il existe d'autres tribunaux à vocation mondiale, comme par exemple le Tribunal international du droit de la mer et le Tribunal pénal international, qui juge de crimes contre l'humanité et ses peuples.

De nombreux éléments d'un état de droit planétaire sont aussi fixés par des institutions internationales privées. Par exemple, trois organisations (toutes basées à Genève et opérant sur la base du consensus entre membres privés) jouent un rôle essentiel dans la fixation de normes et de standards techniques mondiaux : l'ISO (International Organization for Standardization) a édicté plus de 21 000 normes depuis sa création en 1947, portant sur une extrême variété de sujets (par exemple langues, efficacité énergétique, codes pour les devises...). La Commission électrotechnique internationale, créée en 1906, fixe des normes dans l'électricité, l'électronique, les nanotechnologies, reconnues dans 167 pays couvrant plus de 97 % de la population mondiale. Enfin, l'Union internationale des télécommunications a édicté plus de 4 000 normes dans son domaine depuis sa fondation en 1865.

Par ailleurs, on assiste à une reconnaissance croissante par les opinions publiques des valeurs des droits de l'homme, comme l'atteste en particulier le recul de la peine de mort : actuellement, moins d'un tiers des pays pratiquent encore la peine capitale ; huit pays l'ont abolie entre 2010 et 2016. Aux États-Unis, cinq États l'ont abolie depuis 2007, et le nombre d'exécutions a diminué de moitié.

127 pays disposent désormais d'une législation protégeant les femmes de la violence, contre

quasiment aucun en 1990. En 2013-2015, 65 pays ont engagé 94 réformes faisant la promotion de l'égalité homme-femme, dont la plupart sont des pays en développement ; 26 facilitent l'insertion des femmes dans le marché du travail, 23 la protection des femmes contre toute forme de violence, 18 leur accès aux institutions, 9 leur accès au crédit, 7 leur droit à la justice et à l'emploi, 4 leur droit à posséder des biens. L'Afrique subsaharienne se révèle la région la plus proactive en termes de réformes pour l'égalité homme-femme, avec 18 réformes mises en place sur la période 2013-2015[34].

Bien que certains pays africains aient intensifié leurs persécutions, la tendance générale est à la décriminalisation de l'homosexualité : la violence institutionnalisée contre les homosexuels, qui n'était interdite que dans 25 pays en 1960, l'est par 110 en 2015.

La violence a reculé partout dans le monde

Tout est en place, au moins en théorie, pour qu'il y ait moins de violence dans le monde : de fait, les statistiques démontrent que, contrairement à ce qui semble intuitif, la violence a été, dans les cinquante dernières années, d'une intensité bien plus faible que dans les siècles et les décennies antérieurs, si on la mesure non pas par le nombre absolu de victimes, mais en proportion de la population mondiale[35].

Au total, selon les estimations des historiens d'aujourd'hui (en particulier, Steven Pinker de l'université de Harvard et Andrew Mack du Human Security Report Project), le nombre de morts violentes de toutes sortes dans le monde est passé de 500 pour 100 000 personnes chaque année il y a 5 000 ans, à 50 au Moyen Âge, et à 6,9 actuellement, dont moins de 1 en Europe[36].

Si on entre dans les détails[37] :

Pas plus de trois nouvelles guerres par an entre États depuis 1945 ; aucune pour la plupart des années après 1989. L'accord de paix signé par le gouvernement colombien et les FARC en septembre 2016 a mis fin au dernier conflit politique armé sur le continent américain. En Europe, il n'y avait plus aucun conflit jusqu'à la guerre en Yougoslavie et celle entre l'Ukraine et la Russie, très récemment. La quasi-totalité des conflits actuels est confinée dans un arc Mali-Pakistan, représentant moins d'un sixième de la population mondiale.

Le nombre de décès annuels de militaires en opération est passé de 300 pour 100 000 personnes au cours de la Seconde Guerre mondiale, à 22 durant la guerre de Corée, 9 durant la guerre du Vietnam, 5 au cours de la guerre Iran-Irak, pour chuter à moins de 0,5 en 2001 et 0,3 en 2011 et après[38].

De même, le nombre de civils tués pendant les conflits a beaucoup diminué, en valeur relative : au cours de la Seconde Guerre mondiale, près de 350 civils sur 100 000 étaient tués chaque année (soit plus que de militaires tués en opération !) ; ce taux était de 0,3 en 1989 ; 14,5 au moment du génocide du Rwanda en 1994 ; et 0,1 en 2008, dernière année pour laquelle l'information est disponible[39].

De même, contrairement à ce qui est intuitif, le nombre des homicides, en termes relatifs, a chuté massivement : on est passé, par exemple, de 110 homicides pour 100 000 personnes à Oxford au XIVe siècle à moins de 1 homicide pour 100 000 personnes à Londres au milieu du XXe siècle ; ce nombre est remonté à 1,8 en 2003, pour redescendre à moins de 1 en 2014 au Royaume-Uni. Des tendances similaires sont à l'œuvre en Italie, en Allemagne, en Suisse, en France, dans les Pays-Bas et en Scandinavie. Aux États-Unis, qui restent la démocratie occidentale la plus violente, ce nombre a chuté de 10 pour 100 000 personnes en 1991 à 5,5 en 2000, puis 4 en 2014. Au total, selon l'ONU, pour le monde entier, le nombre d'homicides pour 100 000 personnes est passé de 7 en 2003 à 6 en 2012[40].

De même, les violences sexuelles et domestiques, en tout cas celles qui sont mesurées, ont beaucoup diminué depuis les années 1970 jusqu'au milieu des années 2000, et sont demeurées stables depuis lors.

Et pourtant, en Amérique comme dans le reste du monde, bien des choses vont mal, et même beaucoup plus mal que par le passé. Elles forment, elles aussi, des éléments de l'architecture d'un avenir fragile et dangereux.

BIEN DES CHOSES ESSENTIELLES AU MONDE VONT BEAUCOUP PLUS MAL

Nous avons en effet tous le sentiment que le progrès du monde est précaire, que l'avenir ne pourra pas être une prolongation du passé. De fait, bien des dimensions du présent sont terriblement inquiétantes et pourraient ruiner ces progrès dont il vient d'être question. La liste en est fort longue.

Vieillissement du monde

Depuis le début du XXIe siècle, on observe un vieillissement généralisé de la population mondiale, en raison de la diminution du nombre d'enfants par famille et de l'allongement de la durée de vie : le nombre de seniors (65 ans et plus) ne cesse d'augmenter depuis 50 ans, passant de 8 % de la population mondiale en 1950 à 10 % en 2000. Ce nombre a dépassé le nombre de jeunes de moins de 15 ans dans les pays développés depuis 1998 ; phénomène inédit dans l'histoire de l'humanité, qui devrait se généraliser à l'ensemble du monde d'ici 2050. D'autant plus que les pays à revenus faible et intermédiaire vieillissent aujourd'hui beaucoup plus rapidement que les pays développés : s'il a fallu plus d'un siècle pour que la part de la population française de plus de 65 ans double (de 7 % à 14 %), ce phénomène ne prendra qu'un quart de siècle pour des pays comme la Chine ou le Brésil. Ce vieillissement n'est pas une bonne nouvelle ; il rendra plus difficile à terme le maintien de la croissance et le financement de l'économie.

Par ailleurs, l'espérance de vie a cessé d'augmenter dans quelques pays. C'est notamment le cas de la Belgique, de l'Irlande, des Philippines et des États-Unis. Aux États-Unis, les Centers for

Disease Control and Prevention (CDC) estiment que l'espérance de vie stagne depuis trois ans ; une étude d'Angus Deaton (prix de la banque centrale de Suède en mémoire d'Alfred Nobel en 2015) indique que, depuis 1990, l'espérance de vie des Blancs américains d'âge moyen va en décroissant sous l'effet d'une augmentation massive de la consommation de drogue, d'antidouleurs et d'alcool, ainsi que des suicides. En France, selon l'Insee, l'espérance de vie à la naissance a reculé en 2015, pour la première fois depuis 1969, passant de 79,2 à 78,9 ans pour les hommes et de 85,4 à 85,0 ans pour les femmes. En effet, les baby-boomers vieillissants gonflent les statistiques de mortalité, ce qui fait reculer l'espérance de vie à la naissance (calculée comme étant, au vu des conditions de mortalité qui prévalent à la naissance de l'enfant, l'âge théorique qu'il atteindra).

Une démographie explosive dans les régions les moins hospitalières

La population des pays les moins avancés du monde a plus que doublé en moins de 30 ans, atteignant 954 millions de personnes en 2015. En particulier, le Sahel (surtout Mali, Niger, Tchad, RCA et Burkina) est la seule région au monde à avoir gardé un taux de fécondité de 6 à 7 enfants par femme, tandis que le taux de mortalité infantile recule[41]. Ces pays, à l'état de droit particulièrement fragile, totalisent aujourd'hui 67 millions d'habitants.

Le Mali a, en particulier, un taux de croissance démographique annuel de 3 % ; il a donc connu un doublement de la population tous les vingt-quatre ans. La population de la Côte d'Ivoire a été multipliée par 6,5 depuis 1960 et les étrangers représentent le quart de sa population. (Si l'on appliquait ces mêmes coefficients à la France, elle serait aujourd'hui plus peuplée que les États-Unis et les étrangers y seraient plus nombreux que la population française actuelle.)

La situation tragique des migrants

Les migrants ne sont pas seulement une dimension de l'unité du monde ; leur situation est le plus souvent tragique. Environ 86 % des réfugiés sont accueillis par des pays en développement : la Turquie, le Pakistan, le Liban, l'Iran, l'Éthiopie, la Jordanie, le Kenya, le Tchad et l'Ouganda sont les principaux pays d'accueil. Le nombre de réfugiés dans les pays développés s'élevait à seulement 1,6 million en 2015. La Libye est devenue une zone de transit obligée, où stationneraient près de 400 000 migrants avant la traversée de la Méditerranée[42]. Le Haut Commissariat des Nations unies pour les réfugiés estime que 204 000 migrants ont survécu à la traversée maritime vers l'Europe depuis le début de l'année 2016. Selon Migrant Files, entre 2000 et 2013, 23 258 personnes sont mortes ou disparues en tentant de gagner l'Europe. Selon l'Organisation internationale pour les migrations (OIM), près de 2 500 personnes ont perdu la vie sur les routes migratoires méditerranéennes pendant les cinq premiers mois de l'année 2016, malgré le sauvetage de milliers de personnes par des ONG et les marines italienne et grecque.

Près de 50 millions d'enfants étaient déplacés de force à la suite de conflits à la fin de l'année 2015. 31 millions d'entre eux vivent en dehors de leur pays de naissance, dont 11 millions sont des réfugiés et demandeurs d'asile ; 17 millions supplémentaires ont dû migrer à l'intérieur même de leur pays pour échapper aux violences et aux conflits[43]. En Afrique, un migrant sur trois est un enfant, soit deux fois plus que la moyenne mondiale. Ces enfants, souvent abandonnés, sont victimes de violences, trafics et exploitations.

Aggravation de la situation de l'environnement

Plus de 80 % des personnes vivant dans des zones urbaines sont exposées à une pollution atmosphérique qui ne respecte pas les seuils fixés par l'OMS. 98 % des villes de plus de 100 000 habitants situées dans les pays à revenus faible ou intermédiaire ne respectent pas les limites fixées par l'OMS en terme de qualité de l'air.

D'après un rapport de l'ONU, 33 % des terres mondiales seraient modérément ou fortement dégradées du fait de l'érosion, de la salinisation, du compactage, de l'acidification et de la pollution chimique des sols. 25 % des territoires européens sont dégradés en raison d'une intensification de l'agriculture et d'une érosion de leurs sols[44]. En Europe, 40 % des rivières et 25 % des nappes souterraines subissent une pollution massive due à l'activité agricole et au ruissellement d'engrais et de nitrates ; la pollution industrielle y affecte 20 % à 25 % des rivières et eaux côtières[45]. Plus de 80 % des eaux usées des pays en développement sont rejetées sans traitement dans les rivières, les lacs et les eaux côtières[46].

3,1 % des décès mondiaux sont dus à une mauvaise qualité de l'eau, de l'assainissement et de l'hygiène. 1,5 million d'enfants de moins de 5 ans meurent chaque année en buvant de l'eau contaminée. 80 % de la pollution aquatique est causée par des déchets directement jetés dans les sources d'eau ou enterrés.

Au moins 320 millions de Chinois n'ont pas accès à une eau potable salubre. 20 % des eaux souterraines de Chine utilisées pour la consommation directe sont fortement polluées par des composés chimiques cancérigènes. 85 % de la surface du Bangladesh possède des eaux souterraines contaminées, notamment par l'arsenic, un composé chimique cancérigène extrêmement toxique. Aux États-Unis, 40 % des rivières et 46 % des lacs sont si pollués qu'il y est interdit de nager ou de pêcher.

Aujourd'hui, plus de 2 milliards de personnes n'ont toujours pas accès à la collecte et au recyclage de leurs déchets. Chaque année, 1,3 milliard de tonnes de déchets alimentaires sont à l'origine de 9 % du rejet total des gaz à effet de serre et représentent en volume plus de deux fois les besoins nécessaires pour éradiquer la faim dans le monde.

Le climat mondial empire

La température moyenne mondiale a augmenté de 0,85° C entre 1880 et 2012 ; cette hausse s'est accélérée depuis 1976, atteignant 0,19° C par décennie. La période 1983-2012 a été la période la plus chaude depuis 1 400 ans. 14 des 15 années les plus chaudes ont eu lieu au XXIe siècle. 2015 et 2016 devraient confirmer cette tendance.

Le réchauffement des océans est marqué par une hausse de la température de l'eau de 0,11° C par décennie depuis 1971. Cela entraîne une fonte accélérée de la cryosphère (glaces et neiges). Le Groenland – l'une des deux principales calottes glaciaires du monde avec l'Antarctique – a connu une fonte de l'ordre de 34 Gt par an entre 1992 et 2001, puis 215 Gt par an entre 2002 et 2011. Et cela s'est encore accéléré depuis.

Cela entraîne aussi une accélération de la hausse du niveau des mers (3,2 mm par an entre 1993 et 2010 contre 1,7 mm par an sur la période 1901-2010). Cela provoque une perturbation des lieux de vie : depuis 2008, 26,4 millions de personnes migrent chaque année du fait de catastrophes naturelles, dont 86 % à cause de catastrophes hydrométéorologiques. Au total, 157,8 millions de personnes ont ainsi été déplacées entre 2008 et

2014, à cause de catastrophes directement liées aux changements climatiques[47].

Le cinquième rapport du GIEC sur les changements climatiques et leurs évolutions futures paru en 2013-2014 a confirmé l'existence d'un lien extrêmement probable (plus de 95 % de corrélation) entre les activités humaines et le réchauffement climatique depuis 1950. Or, la concentration atmosphérique de dioxyde de carbone (CO_2) s'aggrave : elle a atteint 400 parties par million (ppm) en 2014, contre 315 ppm en 1958, lorsqu'elle a été mesurée pour la première fois.

Fragilisation de l'agriculture mondiale

Ces changements climatiques ont aussi participé à la tendance à une diminution du rendement de la production alimentaire mondiale depuis 1960 : de l'ordre de 1 % par décennie dans les zones tempérées et de 0,1 %, 1,2 % et 2 % par décennie, respectivement pour les productions de riz, de maïs et de blé, à l'échelle mondiale[48]. En particulier, les rendements céréaliens africains demeurent faibles ; autour de 1,2 tonne par hectare, contre 3 tonnes par hectare dans l'ensemble des pays en développement.

Dans certaines régions, l'agriculture, tout comme l'élevage, est aussi fragilisée par la densité croissante de la population : au-delà de 40 habitants au km^2, les systèmes agricoles traditionnels détruisent le potentiel foncier ; or, la densité au Sahel, par exemple, dépasse parfois déjà 150 habitants/km^2.

Par ailleurs, les prix des principaux produits agricoles ont diminué en 2015, après avoir connu des années records, comme en 2014 pour la viande, en 2012 pour les produits végétaux[49]. En conséquence, la production mondiale de céréales connaîtra une légère baisse en 2016, de l'ordre de 0,2 %, pour atteindre 2,5 milliards de tonnes.

De plus, la pollution liée aux activités agricoles, due aux intrants et à une eau souillée par les pesticides, les nitrates, le phosphore, le plomb, contribue à 40 % de la pollution des estuaires et des eaux côtières par l'azote dans plusieurs pays de l'OCDE. Elle apparaît comme la première cause d'eutrophisation (destruction du milieu aquatique par prolifération des algues)[50]. Certains pays de l'OCDE ont découvert que plus de 60 % de leurs sources d'eau – en surface ou souterraines – étaient polluées par des pesticides. Ainsi, aux États-Unis, l'agriculture est responsable pour 60 % de la pollution des rivières, 30 % de celle des lacs et 15 % de celle des estuaires et des eaux côtières, selon des mesures faites en 2010[51].

De plus en plus d'études prouvent aussi les effets délétères des produits chimiques sur la santé humaine. Les glyphosates – des herbicides totaux non sélectifs comme le Roundup® de Monsanto – pourraient être des perturbateurs endocriniens, interférant avec le système hormonal chez les mammifères. Ils pourraient être à l'origine de malformations congénitales et de tumeurs cancéreuses. En outre, plusieurs études démontrent la dangerosité des OGM : une équipe canadienne a prouvé en 2011 la présence de pesticides et de la toxine Bt de Monsanto dans le sang des fœtus et des femmes – enceintes ou non – provenant de nourriture OGM. Les chercheurs ont précisé que d'autres études devaient être menées pour confirmer le risque de transmission de ces toxines de la mère au fœtus, mais que, compte tenu de la toxicité de ces pesticides, ces résultats étaient préoccupants[52]. Une récente étude de l'Institute for Responsible Technology (IRT) a établi un lien entre la consommation d'OGM et le développement d'une intolérance au gluten[53].

Enfin, en empêchant les agriculteurs de garder des semences d'une année sur l'autre ou de les échanger, l'économie de marché, et en particulier les très grandes entreprises du domaine s'approprient le vivant dont le brevetage, qui existe depuis longtemps aux États-Unis et commence en Europe, menace d'appauvrir la biodiversité cultivée. Le marché des semences se retrouve bloqué dans une situation oligopolistique entre Monsanto-Bayer, DuPont et Syngenta, qui se partagent plus de 50 % des brevets de semence. Cette position permet à ces multinationales de fixer le prix de leurs semences aux dépens des agriculteurs et, au final, des consommateurs. Cela restreint aussi le nombre de nouvelles variétés qui arrivent sur le marché. Ces multinationales n'hésitent pas à multiplier les brevets pour donner l'impression qu'elles ont utilisé des techniques de génie génétique. Ces dérives peuvent même relever du cas de biopiraterie quand les semences originales proviennent de banques internationales de gènes censées protéger la diversité des semences. Les groupes semenciers avouent pourtant aujourd'hui que les résultats des obtentions classiques sont meilleurs que ceux des manipulations génétiques[54].

La croissance économique mondiale est en baisse tendancielle durable

Malgré l'importance du progrès technique évoquée plus haut, la croissance de la productivité s'est mystérieusement ralentie ; la tendance actuelle aux États-Unis est de + 0,6 % par an contre une moyenne de + 2 % par an depuis 1950. De même, en Europe, où elle est inférieure à 1 %.

En conséquence, et malgré la croissance démographique et le progrès technique, la croissance économique mondiale s'est ralentie, passant de 5,2 % par an en moyenne de 1960 à 1974 à 2,8 % par an en moyenne sur la période 2002-2015[55].

Certains pays ont même vu leur niveau de vie régresser : l'Espagne ne reviendra à son niveau de vie de 2007 qu'en 2017, le Portugal en 2020, l'Italie en 2024 et la Grèce en 2029. D'autres pays voient leur niveau de vie baisser encore : c'est le cas de la République centrafricaine, de l'Afghanistan, de l'Irak, de la Syrie et du Burkina Faso.

Les richesses sont de plus en plus concentrées

Selon le « Global Wealth Report 2015 » du Crédit suisse, le décile le plus riche de la planète détient actuellement 87,7 % du patrimoine mondial. C'est vrai aussi à l'intérieur d'un même pays : aux États-Unis, un PDG gagne 276 fois plus que le salarié moyen de l'entreprise, contre 20 fois en 1965. La part de la richesse accumulée par les 0,1 % les plus riches y a progressé de 7 % à 22 % de la richesse totale du pays, quand celle des 90 % les moins riches a diminué de 37 % à 22,8 % depuis 1985. Parmi ces 0,1 % les plus riches, 10 % détiennent 11 % de la richesse totale du pays, en hausse de 8,8 % depuis la fin des années 1970[56]. Dans les pays émergents, les fruits de la croissance sont aussi le plus souvent accaparés par une minorité de personnes.

Ces inégalités se retrouvent dans d'autres domaines : une femme née en 2015 pourra espérer vivre 86,8 ans au Japon contre 50,8 ans en Sierra Leone, pays qui présente par ailleurs la plus faible espérance de vie au monde pour les deux sexes. C'est aussi vrai pour l'éducation et d'autres dimensions immatérielles.

En général, les richesses se concentrent entre les mains de ceux qui contrôlent des innovations applicables à grande échelle. Et le progrès technique n'a de cesse de creuser l'écart entre la production horaire réelle d'un travailleur et sa rémunération ; ce décrochage est même deux fois plus élevé aujourd'hui qu'il y a vingt ans dans les 19 pays les plus industrialisés[57].

De plus, dans de nombreux pays, et entre les nations, les transferts vers les plus pauvres se sont ralentis et sont de moins en moins efficaces. Selon la Banque mondiale, les transferts de fonds vers les pays émergents ont très légèrement augmenté en 2015 et ils sont en général gaspillés par des dirigeants corrompus.

La classe moyenne en recul dans les pays développés

Depuis 2005, les revenus avant impôts et transferts de la classe moyenne des pays développés ont partout stagné ou baissé[58] : 65 % des ménages de 25 des économies les plus développées (soit 540 à 580 millions de personnes) ont vu leur revenu stagner ou diminuer entre 2005 et 2014. Ce pourcentage ne s'élevait qu'à 2 % (soit moins de 10 millions de personnes) entre 1993 et 2005. Aux États-Unis, le revenu médian est en forte baisse depuis 2008 ; sa valeur étant à peine supérieure à celle enregistrée en 1996, tandis que le niveau d'endettement des ménages est passé de 9 300 dollars en 1980 à 65 200 dollars en 2015 et que leur taux d'épargne a fondu comme neige au soleil, passant de 13,3 % en 1971 à 5,1 % aujourd'hui. En conséquence, la classe moyenne[59] ne représente plus que 50 % de la population active américaine contre 61 % en 1971.

Les transferts mis en œuvre par les gouvernements de ces pays et l'abaissement des niveaux d'impôt ont réduit mais pas toujours supprimé cette paupérisation : si les revenus ont stagné ou régressé pour 65 % de la population de l'OCDE, seulement 10 % de la population a connu une baisse de son revenu disponible. Aux États-Unis, la fiscalité et les transferts ont ainsi transformé un déclin de revenu pour 81 % des ménages en une augmentation du revenu disponible pour la quasi-totalité des ménages (98 %). En Italie, les revenus et le revenu disponible ont en revanche chuté pour la quasi-totalité de la population (97 %). En Suède, les revenus ont stagné ou baissé pour seulement 20 % des ménages, tandis que le revenu disponible a progressé pour presque tout le monde (98 %). En France, les transferts ont augmenté le revenu disponible médian de 3 % pour tous, au-dessus du revenu médian.

On observe aussi un ralentissement de l'émergence d'une classe moyenne dans les pays en développement. Elle concernerait en 2015 1,5 milliard de personnes dans le monde, soit 50 % des emplois mondiaux, et croîtrait moins vite.

Cette situation est porteuse de risques majeurs. Comme à chaque fois dans le passé, les classes moyennes se révoltent quand elles sont prolétarisées et qu'elles voient, sur tous les réseaux sociaux, l'étalage des modes de vie des plus riches, dont elles n'acceptent plus la légitimité. L'économie de la rage passe largement par les classes moyennes.

Persistance de l'extrême pauvreté

Si la proportion de gens vivant dans l'extrême pauvreté connaît une forte baisse en Asie et en Amérique du Sud, leur nombre continue de croître en Afrique subsaharienne, passant de 284 millions en 1990 à 347 millions en 2015.

Bien que la part de la population des pays en développement ayant une consommation alimentaire inférieure à 2 200 calories ait drastiquement chuté, 776 millions de personnes restent encore en situation de sous-alimentation ; 750 millions de personnes n'ont toujours pas accès à l'eau potable ; 36 % de la population africaine n'a pas de point d'eau ; 1 milliard de personnes n'ont pas accès à des sanitaires ; 2,5 milliards de personnes sont sans toilettes hygiéniques. Au Niger, par exemple, seulement 0,2 % de la population rurale a accès à l'électricité.

Échec des systèmes éducatifs mondiaux

Partout, les systèmes éducatifs fonctionnent mal : l'autorité des maîtres est contestée ; la plupart des élèves sortent sans la formation nécessaire pour affronter le monde moderne : aux États-Unis, même, 80 % des élèves affirment que l'école n'améliore pas leur courbe d'apprentissage et 60 % ne considèrent pas le fait d'apprendre comme une des principales raisons de leur présence à l'école[60]. En Suède, pays antérieurement toujours cité en exemple, les évaluations PISA des performances en compréhension de l'écrit, en mathématiques et en sciences des élèves baissent depuis 10 ans. En France, près de 150 000 jeunes sortent chaque année du système scolaire sans savoir lire ni écrire correctement.

Dans les pays en développement, 57 millions d'enfants n'ont toujours pas accès à la scolarité ; plus de la moitié d'entre eux vivent en Afrique subsaharienne. Et leur scolarisation, lorsqu'elle a eu lieu, est souvent dérisoirement brève : selon le PNUD, un enfant nigérian peut espérer être scolarisé 5,4 ans en moyenne, 7 ans au Mali. Le taux d'achèvement dans l'enseignement primaire n'était que de 67 % en Afrique en 2015. Ce taux n'était supérieur à 70 % que dans 24 des 44 pays africains. De 2000 à 2012, les ressources consacrées à l'éducation sont passées de 4,7 % à 4,6 % dans l'ensemble des pays en développement hors Afrique[61].

Le système éducatif brésilien n'est pas non plus en situation de fournir à ses 40 millions d'enfants une éducation de base de qualité. Moins de la moitié de la population indienne a accès en 2015 à une éducation décente ; consacrant moins de 4 % de son PIB à l'éducation, l'Inde accumule de plus en plus de retard ; et les maîtres de l'enseignement public ont si peu confiance dans leur propre enseignement qu'ils envoient pour l'essentiel leurs enfants dans des écoles privées. Dans de nombreux pays, l'influence du religieux sur les programmes scolaires augmente, réduisant la place de la science et de la raison.

Échec des systèmes de santé mondiaux

Partout, les systèmes de santé sont aussi très difficiles à financer et de plus en plus rarement accessibles aux plus pauvres. Les épidémies ne sont pas toutes sous contrôle : on assiste depuis 2010 à une recrudescence du VIH dans presque toutes les régions du monde ; en 2016, 37 millions de personnes à travers le monde sont infectées par le virus du sida, dont 70 % en Afrique subsaharienne ; on estime à 1,9 million le nombre de nouveaux cas chaque année, en progression, sur la période 2010-2015, de 57 % en Europe de l'Est et en Asie centrale, de 9 % dans les pays caribéens, de 4 % en Afrique du Nord et au Moyen-Orient et de 2 %

en Amérique latine. Seuls les pays d'Afrique de l'Est et du Sud et d'Asie-Pacifique ont connu une diminution du nombre de cas respective de 4 % et 3 % au cours de la même période.

De nouveaux défis sanitaires font leur apparition : aux États-Unis, plus de 2 millions d'infections sont causées par des bactéries résistantes aux antibiotiques usuels, provoquant un coût supplémentaire de 20 milliards de dollars pour le système de santé américain[62]. On estime à 700 000 le nombre de personnes qui meurent chaque année dans le monde du fait de souches bactériennes résistant aux traitements (VIH, TB, malaria). Près de 200 000 personnes meurent chaque année de formes résistantes de la tuberculose. En Inde, les infections néonatales résistant aux antibiotiques sont responsables de la mort de 60 000 nouveau-nés chaque année. Et tous ces nombres sont en augmentation.

La fragilité du système financier mondial

Le secteur bancaire mondial, de plus en plus fragile et peu rentable, joue un rôle de plus en plus réduit dans le financement de l'économie, en raison de la réglementation de plus en plus sévère et de la baisse des taux d'intérêt. Il est de plus en plus remplacé par le *shadow-banking* – ou « finance de l'ombre » –, apparu dans les années 1980, regroupant tous les intermédiaires financiers en dehors du secteur bancaire (banques d'affaires, *hedge funds*, fonds monétaires, fonds de pensions, fonds de titrisation, entreprises de capital-investissement et autres gestionnaires d'actifs). Ces acteurs ne sont soumis à aucune supervision des États ou des banques centrales ; ils représentent 25 % des actifs financiers mondiaux et l'équivalent du PIB annuel mondial. Le *shadow-banking* constitue un risque considérable pour l'économie mondiale, en raison des prêts très risqués qu'il accorde à des entreprises incertaines.

À cela s'ajoutent les nouvelles techniques de financement sur le Net qui se développent très vite sans contrôle sérieux. Ainsi, en Chine, le nombre de clients des grandes « FinTech » (Alipay, Tenpay...) est d'ores et déjà comparable, voire supérieur, à celui des grandes banques[63].

La dette publique mondiale continue de croître, d'une façon incontrôlée

Pour retarder la résolution de ces problèmes, et malgré l'absence de revenu, chacun finance tout et n'importe quoi à crédit. La dette mondiale (publique et privée) a ainsi augmenté de 57 000 milliards depuis 2008 et elle représente désormais près de 300 % du PIB mondial en 2014. Niveau historique jamais atteint. La dette du secteur privé est passée de 130 % du PIB en 1999 à 150 % en 2015. La dette publique des pays avancés est passée de 71 % du PIB de 2001 à 100 % en 2013 ; au Japon, elle est passée de 59 % du PIB en 1990 à plus de 230 % en 2016. Une partie croissante de la dette publique est détenue par les banques centrales : 16 % aux États-Unis, 24 % au Royaume-Uni, 22 % au Japon.

Une telle dette a conduit, dans un passé récent, plusieurs pays à la faillite : en août 1998, incapable de faire face à ses échéances (les seuls intérêts sur la dette représentant 140 % des recettes budgétaires), le gouvernement russe décida de faire défaut sur sa dette (domestique comme externe). À Chypre, en 2013, pour financer le sauvetage de la banque de Chypre (la plus importante du pays), que le gouvernement était incapable d'assumer car trop endetté, les détenteurs de comptes bancaires se sont vu prélever 47,5 % de leurs avoirs au-delà de 100 000 euros. La Grèce n'est pas passée loin, récemment, d'une faillite de même ampleur. Le Venezuela continue de payer ses créditeurs (plus de 10 milliards de dollars doivent être remboursés en 2016), alors que le pays fait face à des rationnements sur les biens de première nécessité achetés avec les devises servant au remboursement.

Bien d'autres pays, européens ou autres, sont en 2016 à la veille d'être dans la même situation, ne masquant la réalité de leur dette que par la faiblesse des taux d'intérêt. L'Italie, le Portugal, et bientôt la France, ne sont pas loin de ces écueils.

Une manœuvre de désespoir en Occident pour alléger la dette : les taux d'intérêt négatifs

Pour tenter de pousser les banques à prêter et réduire le coût des dettes, les banques centrales des pays développés en sont maintenant à prêter à taux négatif, c'est-à-dire à pénaliser les banques qui mettent leur argent en dépôt chez elles, et à les payer pour qu'elles leur empruntent de quoi prêter aux États, aux entreprises. 19 000 milliards de dollars de dettes sont maintenant rémunérés avec des taux négatifs, permettant aux banques et institutions financières de financer des projets non rentables, poussant vers le haut les cours des entreprises, refusant le coût de la dette. Mais cela pénalise banques et compagnies d'assurances, qui vivent de ces placements et ont garanti à leurs clients un revenu qu'elles ne peuvent plus verser[64]. Ainsi, il est envisageable que l'épargne des clients se tourne vers des placements alternatifs, remettant en cause les fondements mêmes de l'assurance-vie. Par ailleurs, des règles européennes stipulent que, pour effectuer les calculs réglementaires de solvabilité, les assureurs pouvaient se fonder sur un taux de rendement des obligations à très long terme élevé (en Allemagne de 4,2 % par an). Ce taux étant aujourd'hui inatteignable (les obligations allemandes à 30 ans rapportent 0,4 % par an), de nombreux assureurs sont à la merci d'un choc financier.

Ces expédients atteignent donc leurs limites.

Le droit de propriété s'affaiblit

L'absence d'harmonisation des normes de propriété intellectuelle alimente mondialement un marché de la contrefaçon estimé à 2,5 % de l'ensemble des importations dans le monde. Outre le manque à gagner pour les entreprises propriétaires des brevets, cette lacune présente divers dangers, et notamment en termes de santé publique ; ainsi, les médicaments, les aliments (notamment pour bébés) ou les pièces automobiles contrefaites peuvent provoquer de graves accidents[65]. De plus, la contrefaçon nourrit les réseaux criminels et terroristes, dont elle constitue la deuxième source de revenus à l'échelle mondiale, selon les Nations unies. Enfin, la contrefaçon est coûteuse en termes d'emploi dans les pays concepteurs des produits originaux, et priverait par exemple la France de 40 000 emplois, selon l'OCDE.

La détérioration de la liberté de la presse

Aux États-Unis, le nombre de journaux papier a diminué sur les dix dernières années, passant de 2 372 en 2004 à 2 254 en 2014[66]. En 2011, 90 % des médias américains étaient contrôlés par 6 entreprises, alors qu'elles étaient 50 en 1983[67]. Selon Reporters sans frontières, les États-Unis ne seraient plus classés que 41e sur 180 pays pour la liberté de la presse en 2016. Cette tendance à la concentration se retrouve dans beaucoup de pays occidentaux : Royaume-Uni (70 % des quotidiens nationaux sont aux mains de 3 entreprises)[68], Australie (2 groupes représentant 90 % de la diffusion des quotidiens nationaux)[69], France (la quasi-intégralité des médias de grande diffusion sont propriété d'une dizaine de groupes). Ce déclin a sûrement été plus que compensé par l'émergence de nouveaux sites d'information (pour lesquels des données consolidées n'existent pas) ; et les frontières se brouillent de plus en plus entre médias, portails d'information et réseaux sociaux sur lesquels les utilisateurs lisent et génèrent du contenu (type Facebook ou Twitter)[70].

Le recul de la démocratie

On assiste à un arrêt de la généralisation de la démocratie, et même à son recul là où elle existe de façon formelle : le marché, progressivement devenu le véritable souverain planétaire, asservit les électeurs, qu'il traite comme des consommateurs, et les élites politiques, qu'il considère comme des employés. Le marché change aussi la conception même du temps : même si l'espérance de vie de chacun est de plus en plus longue, l'échelle de temps de tous est de plus en plus immédiate, instantanée : les sondages en politique et les marchés en économie imposent une priorité au court terme. En conséquence, les intérêts des générations suivantes sont de moins en moins pris en compte.

Aussi, depuis dix ans, la démocratie, qui avait tant progressé, recule : le régime démocratique n'est plus majoritaire. En fait, seulement 40 % de la population du monde vit désormais dans des démocraties. Les dégradations les plus frappantes concernent le recul de la liberté d'expression et une fragilisation de l'état de droit[71]. Et 2016 est la dixième année consécutive de recul des libertés dans le monde, selon Freedom House[72]. Au cours des dix dernières années, 105 pays ont vu leurs libertés publiques reculer nettement, quand seulement 61 ont fait l'expérience de nettes améliorations, notamment en ce qui concerne la liberté d'expression et l'état de droit. Dans le monde occidental, on assiste à une recrudescence des crispations identitaires véhiculées par les mouvements nationalistes, à l'arrivée au pouvoir de partis pour qui la victoire aux élections constitue le prélude à la mise en place d'une quasi-dictature, avec une mainmise totale sur la justice, l'administration, l'ordre public et les médias[73].

Au point qu'on en vient à nommer désormais « démocratures » ces fausses démocraties qui n'en ont plus que l'apparence et sont gouvernées par de quasi-dictateurs.

Cette tendance se confirme aussi dans les économies émergentes, où les modèles autocratiques se crispent, fragilisés par la baisse du prix des matières premières.

Les nations sont en train de se faire déborder par les entreprises

On peut comprendre ce désamour pour la démocratie : les États ont de moins en moins de pouvoir sur les marchés, et les entreprises ne sont plus loyales aux nations qui les ont vues naître. Selon l'OCDE, l'optimisation fiscale à laquelle se livrent les entreprises coûte aux États entre 100 et 240 milliards de dollars par an, soit de 4 à 10 % des revenus générés par l'impôt sur les sociétés dans le monde[74].

Les États-Unis eux-mêmes en sont la victime : selon une étude du Congrès américain, 47 multinationales américaines auraient déménagé leur siège social hors du pays entre 2004 et 2014, pour payer moins d'impôts. 2 100 milliards de dollars seraient ainsi cachés à l'étranger par des entreprises américaines[75]. Apple aurait en particulier plus de 200 milliards de dollars de liquidités hors des États-Unis qu'il se refuse à y renvoyer, préférant y emprunter plutôt que payer ses impôts[76].

De même, les entreprises sont de plus en plus en conflit avec les États sur les enjeux de sécurité : ainsi, Apple s'oppose au FBI qui exige le décryptage des données de l'iPhone d'un terroriste, Apple l'ayant toujours refusé, au nom de la sécurité des données de ses clients.

Les entreprises sont d'ailleurs de moins en moins possédées par des actionnaires d'un seul pays et en profitent pour se dégager de toute loyauté nationale : les investisseurs non domestiques détiennent plus de 50 % des actions des 100 plus grandes entreprises cotées au Royaume-Uni[77], plus de 45 % du CAC40, plus de 50 % du DAX[78], 32 % du Nikkei[79]. Même aux États-Unis[80], qui disposent pourtant des marchés financiers les plus profonds et liquides du monde, plus de 16 % des actions des 500 plus grandes entreprises cotées sont aux mains d'étrangers.

Enfin, les entreprises les plus puissantes ont une capacité de plus en plus grande d'influencer les décisions de la démocratie : aux États-Unis, 20 entreprises ou associations ont dépensé à elles seules plus de 420 millions de dollars en 2015 pour influencer les décisions prises à Washington[81]. Plus de 30 000 lobbyistes travaillent à Bruxelles et ont influé sur 75 % des projets de loi de l'Union européenne[82].

Le protectionnisme s'installe partout

En réaction à cette impuissance, les États sont tentés de mettre en place des barrières de toute nature. Le commerce international ralentit et les barrières protectionnistes se dressent partout : depuis 2011, alors que le PIB mondial a augmenté de 20 %, le commerce international stagne. Et, en 2015, le recours aux subventions et protections a augmenté de 40 % en un an. De mi-octobre 2015 à mi-mai 2016, les pays du G20 ont mis en place 145 mesures de restriction des échanges commerciaux, contre 100 mesures facilitant ces mêmes échanges. Les principales mesures protectionnistes en Europe et aux États-Unis visent à limiter les importations en provenance de Chine, en matière d'acier et de chimie (caoutchouc, plastique). Chaque État punit de plus en plus sévèrement les avantages accordés à des entreprises d'autres pays, entraînant des représailles. D'autres limitations portent de plus en plus sur la libre circulation des personnes, dont nul ne veut plus, dans le monde tout entier, et en particulier en Europe.

Les esprits évoluent aussi de plus en plus en faveur du protectionnisme. Par exemple, selon un sondage récent de CBS et du *New York Times*[83], 57 % des Américains pensent que le commerce des États-Unis avec le reste du monde a eu pour conséquence une destruction d'emplois aux États-Unis (40 % en 1996).

Plus généralement, dans les pays développés, les personnes dont les revenus n'ont pas progressé ont tendance à professer les opinions les plus négatives à l'encontre de l'ouverture des frontières et de l'immigration, et à soutenir des partis nationalistes : plus de 50 % de ces personnes aux États-Unis approuvent l'assertion « L'influx de biens et services étrangers conduit à une diminution de l'emploi domestique », contre 29 % des personnes ne se prononçant pas ou dont les revenus ont progressé[84].

On le constate dans les votes un peu partout en Europe et en Amérique latine. Et rien n'est plus précurseur d'une grande crise que la montée des souhaits protectionnistes.

La fragilité croissante de la soi-disant superpuissance américaine

Malgré son retour apparent à l'abondance, la société américaine est de plus en plus fragile. Depuis la crise de 2007, le revenu réel médian des ménages américains a connu une forte baisse, passant de 57 000 dollars en 2007 à 53 000 dollars en 2014. 47,8 millions d'Américains sont aujourd'hui officiellement dans la pauvreté, soit 1 Américain sur 7. Si le taux de chômage a diminué de moitié entre 2009 et 2016, le taux d'emploi n'a jamais été aussi bas depuis 1977. L'espérance de vie de la population blanche américaine a légèrement diminué entre 2013 et 2014 : elle est passée de 78,9 ans à 78,8 ans. La dette publique américaine dépasse les 19 000 milliards de dollars, ayant quasiment doublé depuis l'entrée en fonction du président Obama.

Si on ajoute les retraites, les enjeux financiers sont abyssaux : il manque 3 400 milliards de dollars pour financer le système public américain des retraites, qui ne pourrait être équilibré à l'avenir que si les États et les villes y consacraient non pas 7,3 % de leurs revenus comme aujourd'hui, mais 17,5 %, ce qui est hors de portée. Des villes comme Chicago, Houston et Dallas, des États comme l'Illinois et l'Ohio sont déjà proches de la faillite. Si on ajoute l'ensemble des obligations financières des gouvernements fédéraux et locaux, c'est-à-dire la dette publique totale réelle, la différence entre la valeur actualisée des sommes à rembourser dans l'avenir et celle des taxes et autres revenus attendus est de 12 fois le PIB ! Et bien plus encore si on ajoute ceux des fonds de retraite privés, qui sont supposés être financés par les entreprises, et qui ne le seront pas.

Le niveau de vétusté des infrastructures américaines pose aussi de plus en plus problème : l'obsolescence des routes et les mauvaises conditions routières ont entraîné en 2013 la mort de 14 000 personnes d'après le ministère fédéral des Transports, ainsi que 11,4 milliards de dollars de coûts médicaux[85]. Les épidémies liées à l'eau potable (du fait de la détérioration des systèmes de distribution[86]) causent de très nombreuses morts.

L'obésité progresse rapidement dans la société américaine, touchant 40 % des femmes, 35 % des hommes et 17 % des enfants et adolescents[87]. Les ravages causés par la drogue sont immenses. Au-delà de ces questions de santé publique, près de 32 millions d'adultes sont illettrés aux États-Unis, soit 10 % de la population. 21 % de la population adulte n'est pas en mesure de comprendre un texte destiné à un enfant de 10 ans et 19 % des jeunes à la fin de leurs études secondaires ne savent pas lire[88].

Les minorités y restent mal traitées : les Afro-Américains ne représentent en 2015 que 9,3 % du total des nouveaux administrateurs nommés aux conseils d'administration de grandes entreprises, alors qu'ils représentent 12,4 % de la population américaine. Seules 9 des 500 entreprises du classement Fortune 500 sont actuellement dirigées par un PDG issu de la minorité hispanique, alors qu'elle représente 16,7 % de la population américaine.

La fragilité croissante de la Chine

La Chine n'est pas en situation de remplacer les États-Unis comme superpuissance mondiale. Sa croissance, qui s'établit officiellement à 6,9 % en 2015, son plus bas taux depuis 25 ans, est en réalité beaucoup plus basse. Elle continue de trop investir et de ne pas assez consommer, avec énormément de gaspillages. Les inégalités se creusent, notamment entre villes et campagnes : un écart de revenu du simple au triple. Les entreprises et les banques sont surendettées et souvent au bord de la faillite. Les ressources naturelles se font de plus en plus rares. La Chine importe déjà 58 % de ses besoins énergétiques en pétrole. 20 % des terres arables y sont aujourd'hui polluées, ce qui contraint le pays à importer de plus en plus de denrées alimentaires. La pollution y provoque chaque année 1,6 million de morts prématurées (soit 17 % du nombre de morts), soit 4 400 par jour ; vivre dans ses mégapoles serait aussi destructeur pour la santé que de fumer 40 cigarettes par jour.

Le nouveau président Xi Jinping peine à trouver des soutiens, contrairement à ses prédécesseurs, du fait des arrestations de hauts dirigeants qui se sont multipliées depuis son entrée en fonction, de la violence constante des mouvements sociaux et du durcissement des mesures à l'encontre des médias.

L'Europe reste politiquement impuissante

Superpuissance économique, l'Union européenne n'est pas une puissance stabilisatrice dans le monde. Le déséquilibre économique et démographique entre la France et l'Allemagne, qui s'est considérablement accru, pèse sur la capacité de l'Union à décider toute action de réforme nécessaire. L'absence de mandat démocratique clair pour la Commission européenne et ses 33 000 fonctionnaires, les lacunes de la construction institutionnelle (l'absence d'une réelle démocratie, l'inachèvement de l'union bancaire, l'absence de solidarité budgétaire et de capacité d'emprunt commune, l'absence d'une Europe de la sécurité, l'incapacité à gérer l'afflux des migrants) accompagnent une faible croissance et un chômage croissant ; en particulier, le taux de chômage de long terme des jeunes Européens a fortement augmenté depuis 2008, atteignant 34 % en 2014 contre 20 % en moyenne en 2004 ; il s'élève à près de 60 % en Grèce, à 50 % en Espagne et à 40 % en Italie en 2013. L'Union européenne apporte ainsi la preuve qu'un marché unique sans état de droit unique ne peut qu'échouer. Et qu'une banque centrale unique ne suffit pas à définir un état de droit commun.

D'autres puissances surgissent, plus ou moins pacifiques

La Russie dispose d'atouts indéniables pour devenir une superpuissance : un territoire étendu, pourvu de ressources naturelles et d'accès directs à deux océans et deux mers. Elle reste la deuxième puissance militaire du monde après les États-Unis en termes quantitatifs (nombre de soldats, d'avions, de porte-aéronefs, etc.).

La Chine possède aujourd'hui le deuxième budget militaire du monde, dont 260 bombes nucléaires.

L'Inde, première démocratie du monde, deviendra autour de 2022 la première puissance démographique du monde, devant la Chine. Depuis 1998, elle est considérée comme une puissance nucléaire de fait – à défaut de l'être de droit –, disposant d'une centaine de têtes nucléaires[89] (contre 300 pour la France) et de missiles de différentes portées pour les transporter. Ses dépenses militaires se sont élevées à 3 % de son PIB sur la période 1988-2011 et elle est le septième pays le plus dispendieux en la matière.

Le Pakistan fait partie des neuf puissances nucléaires dans le monde, mais n'est pas signataire du Traité de non-prolifération nucléaire et a prévu d'augmenter sa force de frappe (100 à 120 ogives actuellement sur les 17 300 existantes dans le monde) avec l'aide de la Chine.

La Corée du Nord dispose aujourd'hui de missiles capables d'atteindre la Corée du Sud, le Japon et la base militaire américaine de l'île de Guam. Le point fort de la Corée du Nord reste son armée : avec 1,1 million de soldats, c'est le quatrième contingent mondial. Ce pays dispose de plus de 6 000 blindés de types différents, de quelque 21 000 pièces d'artillerie, de plus de 500 avions de combat et de 70 sous-marins. En effectif, Pyongyang représente le double de l'armée sud-coréenne et la quatrième plus grande armée du monde[90]. Selon des sources militaires américaines, la Corée du Nord dispose de 13 armes biologiques comme la bactérie de bacille du charbon, la peste et autres, « qui pourraient être utilisées dans des actions terroristes ou lors d'une guerre totale[91] ».

Malgré la contestation au sein de la société japonaise (56 % de la population étant opposée à la révision de la constitution permettant au pays de prendre part à des conflits hors de ses frontières), le Japon est entré dans une logique de réarmement afin de faire face aux menaces chinoise et nord-coréenne. En particulier, le Japon dispose désormais d'une flotte de 22 sous-marins modernes à propulsion électrique (adaptés à une guerre à proximité de ses îles). Il est aussi doté d'une aviation en plein rééquipement, qui accueillera notamment des F-35, largement supérieurs aux chasseurs dont dispose la Chine.

La Corée du Sud dépense chaque année plus de 30 milliards de dollars dans son armée, composée de 625 000 soldats et 2,9 millions de réservistes. Comme le Japon, la Corée du Sud a une armée bien moins nombreuse mais bien mieux équipée – ici encore, principalement par les États-Unis – que celle de son principal rival.

La faiblesse des institutions internationales

Toutes les institutions internationales sont remises en cause par la force de la globalisation des marchés.

L'ONU peine à défendre sa légitimité. Le maintien de la sécurité mondiale – son principal objectif – est mis en échec par le développement du terrorisme transnational et la multiplication des trafics illégaux. Ces menaces ne provenant pas d'acteurs étatiques physiquement ancrés sur un territoire, l'ONU ne peut prendre des dispositions contre elles. Le Conseil de sécurité semble aussi un organe dépassé, par sa composition qui reflète la distribution des pouvoirs de 1945. De plus en plus de membres se plaignent aussi du manque de mécanismes démocratiques et de transparence dans les processus de prises de décision.

La Cour internationale de justice n'a pas su devenir un organe déterminant dans l'instauration d'un cadre juridique mondial : les procédures sont lentes (de 3 à 8 ans), coûteuses et peu coercitives (rares sont les mandats internationaux réellement appliqués), trop occidentales du point de vue des pays en développement, trop partiales en faveur des pays pauvres du point de vue des États occidentaux.

La Convention sur l'interdiction des armes chimiques (CIAC) sous l'égide de l'ONU, entrée en vigueur en 1997 et ratifiée par 188 pays représentant 98 % de la population mondiale et 98 % de l'industrie chimique mondiale, peine à bannir définitivement l'usage de ces armes de destruction massive. Les États-Unis et la Russie, les deux principaux pays possesseurs de ce type d'armes, ont pris du retard dans la destruction de leur colossal stock d'armes chimiques produit pendant la guerre froide. Il semblerait que la Chine poursuive ses recherches en matière d'armes chimiques et que la Corée du Nord possède un stock conséquent de gaz moutarde, phosgène, gaz sarin et d'agent V[92].

Les décisions de l'OMC avantagent systématiquement les pays développés et les entreprises multinationales, rognant sur le pouvoir de négociation de plus petits pays. Ainsi de l'autorisation accordée aux pays développés de mettre en place des mesures agricoles protectionnistes, quand les pays en développement sont priés d'ouvrir au plus vite leur marché aux produits étrangers. Depuis l'échec du cycle de Doha (le dernier cycle de négociations organisé par l'OMC) sur la libéralisation du commerce international en 2001, l'OMC peine à fédérer.

La Banque mondiale et le FMI sont critiqués pour la faiblesse de leurs moyens, leur inefficacité, leur bureaucratie, leur doctrine, résumée dans le « consensus de Washington » (la libéralisation des échanges, la dérégulation et la privatisation des industries nationalisées), qui avantagent le marché contre la démocratie ; et leur incapacité opérationnelle (sélection de projets à l'impact douteux, manque de suivi de ceux-ci, projets décidés d'en haut sans adhésion de la population locale...) et le risque de corruption des flux d'aide au développement. Ce sont d'ailleurs les pays les moins aidés qui ont réalisé les progrès de développement les plus importants (Inde, Chine). Au contraire, les pays les plus aidés (par exemple le Burkina Faso, le Mali… où l'aide internationale représente plus de 65 % du budget de l'État) restent prisonniers du sous-développement.

La défaisance de l'ordre social et familial

La situation des femmes semble avoir cessé récemment de s'améliorer : si les femmes représentaient 52,3 % de la population active mondiale en 1992, elles n'en représentaient plus que 50,3 % en 2014[93] ; l'écart dans l'accès à l'emploi salarié entre hommes et femmes à l'échelle mondiale ne s'est réduit que de 0,6 % depuis 1995 (46 % des femmes disposant d'un emploi rémunéré contre 72 % des hommes) et les femmes représentent 57 % de la main-d'œuvre à temps partiel. Les femmes demeurent plus menacées par le chômage que les hommes : 6,4 % de la population féminine mondiale est actuellement au chômage, contre 5,5 % de la population masculine mondiale[94].

Le modèle familial traditionnel est progressivement remplacé par de nouvelles structures, de plus en plus diverses : recomposées, mixtes, monoparentales, homoparentales, mariées, pacsées ou en concubinage, adoptives, d'accueil, etc. Dans les pays de l'OCDE, le nombre de mariages a chuté de 8,1 pour 1 000 personnes en 1970 à 5 en 2009, avec de fortes disparités suivant les pays. Le nombre de divorces a doublé au cours de la même période pour atteindre 2,4 pour 1 000 personnes[95]. En moyenne, plus de 65 % des couples qui divorcent ont des enfants. Cela conduit à de nouveaux modes de cohabitation, dans lesquels les partenaires vivent moins souvent ensemble et préfèrent garder leur liberté. Les femmes les plus pauvres en sont particulièrement pénalisées : les mères de familles monoparentales ont une probabilité plus élevée de se trouver dans des segments de revenu qui ne progressent pas : aux États-Unis, le revenu réel des mères de famille monoparentale a décliné d'un point supplémentaire par rapport à celui des autres ménages entre 2012 et 2013 ; on compte 20 fois plus de mères seules dans les 10 % les plus pauvres que dans les 10 % les plus riches aux États-Unis, 8 fois en Italie et 11 en France. Et les enfants élevés dans une famille monoparentale ont plus de risques de devoir abandonner l'école, de devenir des mères célibataires et d'avoir des difficultés à trouver un emploi et le garder[96].

Émergence d'un encadrement sectaire et fondamentaliste

En l'absence d'encadrement familial, se développent de nouveaux modes d'appartenance : des bandes, des sectes. En 2003, Margaret Singer (une des figures américaines les plus importantes dans la lutte contre les dérives sectaires) estimait à 5 000 le nombre d'organisations de type sectaire existant aux États-Unis, rassemblant 2,5 millions de membres. En France, la Mission interministérielle de vigilance et de lutte contre les dérives sectaires (Miviludes) estime à 500 le nombre actuel de groupes sectaires, regroupant 500 000 adeptes (dont 60 000 à 80 000 enfants élevés dans un environnement sectaire). Un rapport publié par la Miviludes en 2013[97] faisait état d'une progression de l'enrôlement sectaire due à l'immixtion de plus en plus sensible des sectes dans le monde de l'entreprise. Dans un contexte d'internationalisation et de modernisation des entreprises, les sectes proposent aujourd'hui « un ensemble complet de prestations », incluant séminaires, formations et stages de développement personnel[98]. Selon ce même rapport, les personnes âgées vulnérables seraient de plus en plus victimes de l'enrôlement sectaire. La Miviludes a ainsi enregistré en 2011 une augmentation de 25 % des saisines par rapport à 2010, une tendance confirmée en 2012, dernière année disponible. La dérive sectaire menacerait 1 200 à 1 500 organismes de formation professionnelle fondée sur le développement personnel.

Le rattachement à des instances fondamentalistes est aussi en plein développement. Selon le Pew Research Center, une majorité de musulmans en Afghanistan (99 % des sondés), en Irak (91 %) et au Pakistan (84 %) se déclarent en faveur de la charia comme loi d'État.

Une autre étude du Pew Research Center de 2014 indique que 31 % de la population adulte aux États-Unis (et 39 % de la population adulte protestante) déclare que la Bible devrait être suivie à la lettre. 60 % des adultes de ce pays estiment que leur texte sacré (Bible, Coran...) est la parole de Dieu. L'hindouisme n'est pas en reste. Entre mai 2014 (élection comme Premier ministre indien de Narendra Modi, un hindouiste convaincu) et août 2015, plus de 600 attaques à caractère religieux ont été enregistrées contre des groupes musulmans ou chrétiens.

Des puissances non étatiques, sectaires ou criminelles, prennent du pouvoir

Le chiffre d'affaires des réseaux de criminalité organisée (trafic de drogues, d'armes, d'êtres humains, contrefaçon) est estimé en 2009 à 870 milliards de dollars, soit 1,5 % du PIB mondial[99]. Depuis, il a sans doute encore beaucoup augmenté. Selon le rapport de l'ONUDC (United Nations Office on Drugs and Crime), 247 millions de personnes de 15 à 60 ans sont des consommateurs de drogue, dont le cannabis, drogue la plus cultivée dans le monde et celle dont le trafic est le plus intense. Selon les estimations de l'ONUDC, 17 millions de personnes sont des consommateurs d'opiacés (comme l'héroïne). L'offre reste stable malgré les mauvaises récoltes afghanes et les nombreuses saisies, tandis que les flux de cocaïne et d'amphétamines se renforcent (les quantités saisies ont doublé entre 2009 et 2014).

À eux seuls, les cinq groupes criminels les plus importants auraient un chiffre d'affaires combiné de 28 milliards de dollars par an[100]. Le trafic de drogue est estimé à 3 % du PIB mexicain, et à 1 % du PIB colombien. Ces sommes sont concentrées par des groupes très restreints, leur donnant un pouvoir considérable. Ainsi, Joaquin Guzman (dit

« El Chapo »), chef du cartel de Sinaloa, avait été désigné comme le 67ᵉ homme le plus puissant du monde par le magazine *Forbes* en 2013.

De même, les mouvements terroristes deviennent des puissances économiques : Daech aurait un chiffre d'affaires annuel de 1 milliard de dollars et, au sommet de son empreinte territoriale, aurait été assis sur des actifs pétroliers ou autres d'une valeur de 2 200 milliards de dollars[101].

La déstabilisation géostratégique mondiale et le retour de la violence

Malgré les tendances longues évoquées plus haut, tout, dans le monde, depuis peu de temps, nous rappelle l'ampleur croissante prise par la violence, dans la vie quotidienne, comme dans les réalités géopolitiques. Tout redevient prétexte pour se disputer, se battre, s'entretuer, massacrer. Comme si on se supportait de moins en moins. Comme si tout prétexte était bon, désormais, pour en découdre avec son prochain.

Depuis 2011, les conflits, les guerres et les actes de terrorisme semblent repartir à la hausse, et le nombre de décès liés à ces conflits augmente. On assiste à l'apparition de nouveaux conflits : violences tribales au Sud-Soudan, Boko Haram au

Nigeria, rivalité entre chrétiens et musulmans en République centrafricaine, reprise de la Crimée par la Russie, guerre au Yémen, attentats terroristes dans de nombreux pays, dont la France. En particulier, la violence en Afghanistan, la guerre civile en Syrie et en Irak, liées à la destruction totale de ces États depuis 2001, a provoqué une hausse du taux global de décès liés à la guerre, avec des centaines de milliers de morts civils et militaires, des millions de déplacés et des interventions internationales multiples.

Le nombre d'incidents et d'attaques terroristes liés à des questions religieuses a crû de façon quasi exponentielle au cours des dernières années, supplantant les mouvements séparatistes/nationalistes et politiques. De 250 incidents en 2000, le monde a connu 1 750 incidents terroristes liés au fait religieux et au fondamentalisme en 2012[102]. D'après le rapport prospectif du National Intelligence Council, de nouveaux mouvements terroristes liés aux communautés fondamentalistes chrétiennes et hindoues pourraient naître d'ici 2030[103].

En juin 2016, 28 pays ont été la cible de violences extrémistes à caractère religieux, faisant 4 957 morts (dont 1 256 civils, 887 membres des forces de sécurité et 2 345 extrémistes), alors que 279 personnes étaient prises en otages. 52 % de ces morts ont eu lieu dans la région MENA (Moyen-Orient et Afrique du Nord) ; l'Afrique subsaharienne (notamment Cameroun, Nigeria et Somalie) représente également une part importante des violences extrémistes (30 % des décès)[104]. Le terrorisme lié au fondamentalisme religieux progresse dans des pays qui en étaient jusqu'à récemment exempts : au Bangladesh (assassinats de blogueurs athées, attentats de Dacca en juillet 2016), au Myanmar (attaques de bouddhistes contre la minorité musulmane des rohingyas), en Malaisie (où l'État islamique a frappé pour la première fois en juin), au Cameroun (où les courants traditionnels musulmans comme chrétiens se font déborder par des mouvements intolérants). Sans parler des massacres qu'il provoque en Afghanistan, au Pakistan, en Irak, en Syrie.

En conséquence, entre 2011 et 2015, on enregistre une multiplication par sept du nombre de personnes tuées chaque année en raison des guerres et du terrorisme.

Les meurtres ont aussi augmenté récemment dans les États d'Amérique latine, notamment en lien avec la criminalité organisée. Pour la première fois depuis trois ans, le nombre de meurtres au Mexique a connu une recrudescence, augmentant de 9 % au cours de l'année 2015. D'après un rapport du mouvement Desjardins, un Mexicain sur cinq a été victime d'un acte criminel en 2014 ; ce nombre est plus important que celui des victimes des guerres en Afghanistan, au Soudan et en Irak. Les meurtres par gangs, pour la plupart liés au trafic de drogue, ont été multipliés par 3 au Mexique entre 2006 et 2011. Les chiffres sont encore plus élevés dans d'autres États tels le Honduras, le Salvador, le Guatemala et le Belize.

La violence aux États-Unis, et pas seulement celle provoquée à l'étranger par l'intervention américaine, est aussi repartie récemment à la hausse : les États-Unis ont un taux de 5,2 homicides pour 100 000 habitants en 2015 (supérieur au taux moyen de l'OCDE, qui est de 4,1). D'après la Gun Violence Archive, 13 472 Américains ont été tués par arme à feu en 2015 (sans compter les suicides) et 27 015 ont été blessés, alors qu'en 2004 le nombre d'homicides à l'aide de ces mêmes armes était inférieur à 10 000. D'après PolitiFact, il y eut plus de morts causées par des armes à feu aux États-Unis entre 1968 et 2015 que de victimes américaines des conflits dans lesquels les Américains ont été impliqués depuis la guerre d'indépendance, y compris les deux guerres mondiales (1,5 contre 1,4 million de victimes) ! D'après le Chicago Police Department, le nombre de personnes tuées par arme à feu dans la ville au 1er trimestre 2016 était 50 % plus élevé qu'à la même époque l'année précédente ; un constat partagé par 20 autres villes américaines[105], parmi lesquelles Dallas, Jacksonville, Las Vegas (+ 100 %), Los Angeles et Memphis. Il semblerait qu'une épidémie d'héroïne et une résurgence des gangs soient à l'origine de cet embrasement. Selon l'ONUDC, la criminalité organisée serait responsable de 25 à 30 % des homicides aux États-Unis, contre 5 à 10 % en Asie et moins de 5 % en Europe. Le nombre d'armes à feu en circulation sur le territoire américain serait d'environ 357 millions pour 317 millions d'habitants.

Et plus encore, commence à exister dans certaines jeunesses du monde un courant très profond et très nouveau qui fait sauter le tabou de la mort : jusqu'ici, on voulait tuer, mais on ne voulait pas mourir, sauf en cas de légitime défense ; aujourd'hui, des idéologies de plus en plus nombreuses conduisent quelques jeunes à trouver si peu de sens à la vie qu'ils vont sans hésiter donner la mort en mourant. Et c'est une mutation d'autant plus importante que le rapport à la mort est toujours au cœur des valeurs d'une société.

Mille explications en sont possibles. Une des plus convaincantes est sans doute la difficulté pour les êtres humains de vivre durablement dans une société policée, urbaine, sédentaire ; de vivre encagés, entassés, prisonniers de règles, de conventions, de réseaux ; dans une société où l'argent est roi, où la déloyauté est la règle, où la frustration et le vide imposent de plus en plus leur tyrannie, où la transparence exacerbe la compétition, la jalousie et le désir, sans règles de droit communément acceptées. Dans un tel univers, la violence s'accumule et finit par exploser, comme un arc bandé finit par envoyer sa flèche. Comme si l'homme avait besoin de jouir du mal qu'il fait aux autres, pour se prouver à lui-même qu'il est vivant, et contenir sa propre haine de soi.

Chapitre 2

L'EXPLICATION

À la lecture de ce qui précède, l'espérance d'une mondialisation heureuse n'est plus crédible. Le poids des échecs, au trébuchet de l'Histoire, est bien plus élevé que celui, pourtant indéniable, des succès. Les forces du mal semblent bien plus puissantes que celles du bien. Plus exactement, si les succès sont considérables, on voit bien que les échecs portent en eux et imposent une réalité insupportable pour l'immense majorité des humains, et une dynamique perverse pour l'avenir : le monde semble plutôt aller, si rien n'est fait, vers le pire, économiquement, socialement, écologiquement, politiquement, militairement.

Pour autant, aucune explication du désordre économique, social et politique actuel ne réunit tous les suffrages. Et il est important de réfléchir aux causes du présent pour préparer au mieux l'avenir.

Pour certains, tout cela trouve sa source dans le règne de l'argent, qui créerait de la frustration et de la violence ; pour d'autres encore, c'est la disparition de la spiritualité qui corromprait tout. Pour d'autres, au contraire, c'est le retour inopiné du fondamentalisme, de l'intolérance et des guerres de religion qui expliquerait la situation. Pour d'autres aussi, ce serait le début d'une guerre entre diverses civilisations pour le contrôle des ressources naturelles et la conquête des zones les plus riches et au climat le plus clément ; pour d'autres enfin, il n'y aurait plus qu'une seule civilisation, occidentale, et c'est sa domination sur l'humanité qui provoquerait la violence de tous ceux qui en voient les merveilles sans y avoir jamais accès.

Même si toutes ces explications ont leur raison d'être, elles ne me semblent pas suffire à expliquer l'état du monde, ni surtout sa dynamique.

D'abord, parce que je ne crois pas que l'argent soit, en lui-même, facteur de violence, bien au contraire : son invention, il y a près de 3 000 ans, a justement été un moyen de la réduire, en organisant les dangereux débats qui préludaient à l'échange de richesses ; je ne crois pas non plus que l'apologie de la pauvreté et du non-désir suffirait à créer un monde harmonieux, mais au contraire qu'un tel monde se réduirait très vite, comme on l'a vu dans le passé, à une apologie de la résignation, au bénéfice des puissants du moment, laïcs et religieux.

Nous ne sommes pas non plus dans une guerre de religion : jamais les dirigeants de toutes les religions, de presque toutes les Églises, de toutes les fois, n'ont appelé à autant de compréhension avec les religions des autres.

Nous ne sommes pas non plus dans un monde sans spiritualité ; au contraire, jamais la recherche de la transcendance n'a été aussi variée et intense ; jamais la quête d'un sens du monde et de la vie n'a été plus vibrante. Nous ne sommes pas non plus dans une guerre de civilisations, qui supposerait qu'ait commencé un grand combat d'un monde musulman rassemblé contre la civilisation occidentale, ce qui n'est pas le cas ; non seulement parce qu'une telle guerre ne s'annonce pas, mais aussi parce que ces mondes ne sont pas rassemblés et sont d'une extrême diversité. Enfin, ni les théories marxistes, ni celles des libéraux ne peuvent expliquer ce que nous vivons : nous n'assistons ni à une lutte des classes planétaire entre une bourgeoisie unie et une classe ouvrière rassemblée, ni à une confrontation de choix libres, rationnels et égoïstes, sur un marché pur et parfait.

Ces explications globales ne fonctionnent donc pas. Même la tendance la plus quantifiable du moment (le ralentissement de la croissance économique mondiale) ne trouve pas d'explication acceptable par tous : pour certains, il est dû à un affaiblissement du progrès technique, ce qui me semble totalement contredit par les faits. Pour d'autres, il serait dû à un taux d'intérêt réel d'équilibre trop bas (voire négatif) pour que les investisseurs prennent des risques ; de fait, ce taux est aujourd'hui nul aux États-Unis et négatif en Europe, alors qu'il était encore de l'ordre de 8 % en 1984 aux États-Unis. Mais personne n'est d'accord sur la raison de cette baisse, ni sur ses conséquences (est-elle due à l'achat massif par la Chine de bons du Trésor américains ? Ou à l'intervention des banques centrales ? Et comment expliquer des taux si bas, dans un monde où l'avenir économique et politique est si incertain que les taux d'intérêt devraient être au contraire très élevés ?).

Faudrait-il donc, dans un monde aussi complexe, multiforme et interdépendant, renoncer à une théorie unique expliquant toute la réalité si contradictoire du moment ? Après tout, même en sciences physiques, beaucoup de chercheurs en viennent à se résigner à ce que, contrairement à ce qu'on a espéré si longtemps, l'unité du sens et des causes ne soit plus accessible à l'esprit humain.

Et pourtant, pour ma part, je n'y renonce pas : il me semble, avec beaucoup d'autres, qu'il existe, depuis des siècles, un fil conducteur expliquant l'essentiel de l'histoire du monde ; un fil que j'ai suivi de livre en livre, comme beaucoup d'autres auteurs, et qui me semble expliquer aujourd'hui mieux que jamais les désordres du temps ; et, plus encore, prévoir ceux à venir.

Selon moi, l'ordre social de toute société, depuis l'Antiquité la plus lointaine, est fondé sur le sens donné à la mort. Chaque société, depuis les plus anciennes, a voulu la rendre tolérable, en tout cas pour les puissants, en organisant rituels et sacrifices et en créant les conditions de leur financement.

Dans l'Occident triomphant, depuis au moins le XIIe siècle, ce rapport à la mort n'est plus géré, pour une part croissante des populations, par la recherche d'un sens de l'après-vie, mais par la recherche de la plus grande liberté possible dans la gestion des biens rares, en particulier du plus rare d'entre eux : le temps dont chacun dispose, dans la journée, l'année et la vie terrestre. Parce qu'on a constaté que plus la liberté est grande, plus s'élève la probabilité de voir augmenter la quantité de biens rares disponibles.

Dans une telle société de liberté, la gestion de cette rareté est confiée à deux mécanismes, le marché pour les biens privés, et la démocratie (ou au moins une règle de droit stable) pour les biens publics. L'un et l'autre mécanismes remplacent le troc, les échanges gratuits, les allocations autoritaires, les dictatures. L'un et l'autre maintiennent l'illusion de la liberté là où elle est en fait contrainte par la rareté et par la mort. L'un et l'autre, et c'est établi par la théorie comme par la pratique, constituent les meilleures procédures pour créer les conditions de la croissance de la quantité de biens disponibles, c'est-à-dire de la réduction de toutes les raretés.

La dialectique entre marché et règle de droit, entre capitalisme et démocratie, dans des nations ouvertes, explique la totalité de ce que nous vivons et de ce que nous allons vivre : sur un territoire fermé, le marché renforce la démocratie, en développant la classe moyenne ; et la démocratie renforce le marché, en stabilisant l'état de droit ; en se renforçant l'un l'autre, marché et démocratie permettent de favoriser la création de richesses nouvelles. Mais nous ne sommes plus dans des mondes fermés, et une autre dynamique se met en place, qui rompt ce bel ordonnancement et menace de faire dérailler notre monde. Une dynamique où la liberté provoque précarité et déloyauté et où disparaît l'intérêt général ouvre la voie à la recherche d'autres rapports à la rareté et à la mort. À un retour du religieux.

On peut donc, à partir de cette dialectique, tenter de donner un sens à l'ensemble des descriptions qui précèdent et en déduire des prévisions pour l'avenir. Je regrouperai l'analyse en six propositions.

I. L'organisation sociale fondée sur la demande de liberté politique et économique s'est révélée être, jusqu'à présent, le meilleur système au monde.

a. Le désir de liberté a incité les hommes à créer, contester, expérimenter, innover, remettre en cause, pour augmenter la disponibilité des idées, des œuvres d'art et des biens, c'est-à-dire pour repousser les limites de la rareté et trouver les moyens de « devenir soi ». Il a fait de la liberté une valeur si revendiquée qu'on était prêt à mourir pour elle. Il a en particulier orienté l'innovation vers la mise au point de moyens permettant de libérer du temps, et en particulier de lutter contre la mort, par la médecine et la distraction. L'innovation a assuré la fortune de ses initiateurs, jusqu'à ce qu'une autre innovation la remplace.

b. Le désir de liberté a poussé à la généralisation, à tout secteur et à toute personne, du marché (à la place du troc ou de la répartition autoritaire) et de la démocratie (ou au moins à une stabilité de la règle de droit).

c. Le désir de liberté a conduit à un monde de plus en plus interdépendant, dans toutes ses dimensions, écologiques, économiques, culturelles, sanitaires et politiques, et de plus en plus transparent, où personne n'a plus intérêt à l'échec de l'autre.

II. Néanmoins, ce système est aujourd'hui défaillant et entraîne le monde vers le désastre.

a. La liberté économique et politique conduit à la réversibilité des choix de chacun, à la précarité des situations, à l'exacerbation de l'égoïsme, de la déloyauté et de l'avidité, à la tyrannie de l'instant. En particulier, les générations actuelles vivent de plus en plus aux crochets des générations futures ; en s'endettant, en négligeant le climat et l'environnement ; en ne maintenant pas en état les infrastructures, en négligeant l'éducation.

b. Le marché s'est généralisé plus vite que la démocratie, car la liberté économique peut s'accommoder plus facilement, dans une première phase, d'une faible liberté politique, que l'inverse.

c. Le marché devient progressivement mondial, touchant tous les pays et tous les secteurs, échappant au contrôle des États, réduisant le champ des échanges gratuits et des services publics aux seuls enjeux de la protection collective : sécurité et défense.

d. La règle de droit, par contre, démocratique ou non, demeure pour l'essentiel nationale, car il est difficile d'unifier les souverainetés ; et l'exemple européen montre combien il est difficile de créer un état de droit commun à plusieurs pays, même s'ils partagent un marché commun.

e. Au total, l'homme est réduit à une marchandise comme les autres et traité comme tel.

III. Le marché mondial est donc aujourd'hui le premier marché sans état de droit de l'Histoire.

a. Le marché est donc devenu global, sans un état de droit capable de faire respecter des droits de l'homme et sans État organisant des transferts ou compensant les insuffisances d'information des acteurs.

b. Conformément à la théorie économique générale, un tel marché ne peut que conduire à un sous-emploi des facteurs, à une explosion des inégalités, à une croissance faible, à un très bas prix des matières premières et à un chômage structurel très élevé. C'est bien ce à quoi on assiste et qu'on a décrit plus haut.

c. Dans un tel marché sans état de droit, les consommateurs et les actionnaires l'emportent sur les travailleurs et les électeurs. Les uns et les autres ne peuvent faire valoir leurs droits. Ni les droits sociaux ni les droits de l'homme ne sont plus respectés.

d. Dans un tel marché sans état de droit, l'innovation assure plus que jamais la fortune de ses initiateurs, jusqu'à ce qu'une copie non interdite ou une autre innovation la remplace, concourant à l'aggravation des inégalités, des frustrations, à l'économie de la rage.

IV. La démocratie, enfermée dans les frontières nationales, est de plus en plus vidée de son contenu et de son pouvoir d'influer sur le réel.

a. Les démocraties perdent de plus en plus de pouvoir face aux entreprises, qui ne sont plus tenues de respecter les exigences d'une souveraineté nationale, ni celles de la nationalité de leurs actionnaires.

b. Les démocraties doivent, pour survivre, se concurrencer les unes les autres, en s'engageant dans une course au moins-disant dans l'état de droit (réglementaire, économique, social, fiscal) pour séduire les entreprises, se privant des moyens de financer les services publics, de faire respecter l'état de droit, et d'influer sur le réel.

c. Les démocraties, comme les marchés, sont alors de plus en plus incitées à ne s'occuper que du court terme, à laisser filer la dette publique, à négliger climat et environnement.

d. Les démocraties perdent leur sens. Elles cessent d'être un espoir et un enjeu. Plus personne ne compte sur elles pour améliorer à l'avenir le sort de chacun de nous. Il devient clair que les générations suivantes vivront plus mal que les présentes.

V. Devant l'impasse, la rage devient colère.

a. Pour beaucoup, aucun avenir n'est possible, tout est joué dès l'enfance. Nul, ou presque, n'a plus les moyens du devenir-soi. Seules la résignation ou la colère sont possibles.

b. Pour d'autres, le chacun pour soi pousse à l'exil : la demande de liberté, en particulier de liberté de mouvement, en période de forte croissance démographique et de crise écologique, entraîne une forte accélération des migrations. Le nomadisme s'installe comme la règle, pour les plus riches comme pour les plus démunis.

c. Beaucoup chercheront alors une solution de long terme, un retour à la stabilité. Ils l'espéreront dans le protectionnisme, le nationalisme, l'écologisme ou le fondamentalisme. Pour certains même, dans ce contexte, la vie terrestre n'aura plus de sens, la vraie liberté est dans l'au-delà.

d. De très nombreuses crises locales deviendront alors des déclencheurs d'une crise globale : crises politiques et crises économiques entreront en résonance. À l'économie de la rage succédera celle de la colère.

e. Une guerre planétaire d'une ampleur inouïe deviendra possible, sinon probable : c'est ce que j'appelle la « Grande Catastrophe », débouché de l'économie de la colère.

VI. Pour y échapper sans renoncer à la liberté, deux solutions :

a. Continuer d'éspérer que le marché fournira la solution. Il propose d'échapper à la rareté et à la mort en orientant l'innovation vers la mise au point d'objets et de services marchands sur mesure, permettant à chacun de libérer du temps ; et en particulier de lutter contre la mort, par la médecine et la distraction ; jusqu'à transformer progressivement chaque être humain en un artefact, qui sera un jour lui-même rendu inutile, puis détruit par l'intelligence artificielle qu'il aura créée. L'immortalité, en point de mire, donne un sens, un espoir, permettant à beaucoup de passer outre des désordres vus comme provisoires.

b. Une autre solution, gardant à l'humanité sa raison d'être, serait de ne pas compter sur une future immortalité technologique, de réaliser que, le monde étant de plus en plus interdépendant, dans toutes ses dimensions, écologiques, économiques, sanitaires et politiques, personne n'a plus intérêt à l'échec de l'autre ; que l'altruisme est la clé de la survie de l'humanité ; et qu'il faut, en conséquence, mettre en place au plus tôt un état de droit démocratique et planétaire qui garantirait les droits politiques et économiques des générations présentes et futures. L'altruisme fonctionnerait alors comme la seule contrainte à la liberté, contrainte éthique et non plus matérielle. Pour qu'un tel monde se réalise, il importe que chacun vive de la façon la plus noble, c'est-à-dire la plus altruiste possible, dans son propre intérêt, inscrivant ainsi son devenir-soi dans celui du monde. Cette solution est en marche, grâce aux innombrables acteurs de la société positive, étincelles de l'espérance qui tentent de créer aujourd'hui le monde le meilleur possible. Si on leur en laisse le temps.

Cette description théorique de la nature de notre monde, de ses moteurs et de ses crises permet tant d'expliquer avec précision, me semble-t-il, la réalité d'aujourd'hui que d'esquisser les événements probables, aux enchaînements extrêmement périlleux, et pourtant pleins de promesses, des quinze prochaines années. De fournir une grille de lecture pour analyser et dégager les grandes tendances des prévisions qu'on peut faire pour l'avenir. Et de comprendre comment il faudra s'y comporter, individuellement et collectivement, pour éviter le pire, et vivre le meilleur. C'est l'objet des deux derniers chapitres que de décrire le monde prévisible en 2030, et ce qu'il convient de faire d'ici là pour éviter le désastre et construire le meilleur du monde.

Chapitre 3

LA COLÈRE

Le monde va-t-il vers le meilleur ou vers le pire ? Que conclure de cette avalanche de données contradictoires ? Peut-on déduire de ce cadre conceptuel une prédiction de ce que sera l'évolution du monde, au moins pour les quinze prochaines années ? Peut-on imaginer ce qui attend chacun de nous et comprendre s'il restera possible de choisir comment mener sa vie, d'espérer devenir soi ? Faudra-t-il attendre béatement que le meilleur s'impose, ou bien se mettre en colère et réagir contre le pire qui s'annonce ? Devra-t-on remettre en cause l'idéologie de la modernité, fondée, depuis trois siècles au moins, sur la recherche individuelle et égoïste de la liberté et du bonheur par l'argent ?

De fait, les quinze prochaines années connaîtront des évolutions, démographiques, technologiques et idéologiques gigantesques, qui pourraient laisser penser qu'on pourra retrouver l'abondance, la paix et l'harmonie par le seul jeu de la liberté, du marché et de la technologie.

À l'inverse, et comme le laisse prévoir la description théorique qui précède, d'autres tendances très négatives sont aussi en marche, menaçant de provoquer avant 2030 une crise géopolitique planétaire d'une ampleur telle qu'il ne servirait à rien de vouloir se choisir un destin personnel, d'espérer devenir soi. On passerait alors de l'économie de la rage à celle de la colère. Elle détruirait tout, d'une façon irréversible.

Restera ensuite à discerner les signaux faibles de l'action nécessaire pour faire triompher le meilleur du monde.

SE LAISSER ALLER VERS LE MIEUX

Des changements porteurs de croissance et d'harmonie sont quasi certains d'ici à 2030

Explosion démographique, porteuse de croissance

La croissance démographique est, en principe, un facteur de croissance, puisqu'elle augmente le nombre de travailleurs et de consommateurs.

En 2030, il y aura sur la Terre 1 milliard d'habitants de plus qu'aujourd'hui, soit au total 8,3 milliards de personnes, dont 1,6 milliard d'Africains, au lieu de 1 milliard aujourd'hui. L'essentiel de la croissance démographique aura lieu en Afrique, et particulièrement au Nigeria. La population indienne dépassera celle de la Chine. Celles de l'Europe (hormis celles de la France et de l'Irlande), de la Russie, de la Corée et du Japon déclineront, à moins qu'on assiste à des mouvements migratoires considérables. Il y aura 2,5 milliards de chrétiens, soit 30,2 % de la population mondiale ; 2,18 milliards de musulmans, soit 26,4 % de la population mondiale ; 1,2 milliard d'hindous, soit 14,9 % de la population mondiale ; 490 millions de bouddhistes, soit 6,15 % de la population mondiale[106].

L'espérance de vie mondiale à la naissance sera de 74,5 ans en 2030-2035[107], contre 71,4 ans en 2015[108]. On assistera à une convergence de l'espérance de vie de tous les peuples.

En 2030, les ⅔ des humains vivront en ville. Il y aura 41 villes de plus de 10 millions d'habitants. Tokyo restera la plus grande ville du monde (37 millions d'habitants). Et cette urbanisation sera aussi un facteur de croissance, puisqu'elle sera la cause et la conséquence d'une augmentation de la productivité agricole.

En 2030, il y aura au total 3,5 milliards de gens en âge de travailler, soit 900 millions de plus qu'en 2016 (dont 300 millions en Afrique subsaharienne et 230 en Asie). Plus de 1 milliard de femmes de plus seront sur le marché du travail.

À l'inverse, il y aura moins de gens en âge de travailler en Europe ; et il manquera des millions de personnels très qualifiés aux États-Unis, en Europe, au Japon et en Russie.

Des mouvements de populations sont donc nécessaires et inévitables, pour des raisons démographiques, indépendamment même des raisons climatiques et politiques. Ces migrants auront eux aussi un impact positif sur la croissance : une augmentation de 3 % du nombre de travailleurs passant des pays en voie de développement vers les pays à revenu élevé se traduirait en 2025 par une progression de 0,6 % du PIB mondial[109].

Le développement des classes moyennes

Les classes moyennes connaîtront une énorme croissance : rassemblant 1,8 milliard de personnes dans le monde en 2016, elles devraient en réunir 4,9 en 2030. L'Asie représentera 66 % de cette classe moyenne[110]. En Inde, cette classe connaîtra une croissance telle que le pays sera le premier marché de consommation du monde en 2030. En Afrique, la classe moyenne passera de 375 millions de personnes en 2016 à plus de 500 millions en 2030[111]. Cela aura un énorme impact sur la demande de stabilité de l'état de droit et de respect de la propriété privée, des droits de l'homme, du droit du travail et de la démocratie ; avec des conséquences géopolitiques considérables.

Une énorme vague d'innovations devrait faire son effet

Rarement dans l'Histoire, sinon peut-être à la fin du XIXe siècle, on aura connu, en quinze ans, autant d'innovations technologiques majeures, bouleversant la façon de vivre et de travailler, d'apprendre et de se soigner, de penser et de croire, que pendant la période qui ira de 2016 à 2030. Toutes concourent, d'une façon ou d'une autre, à réduire la rareté.

D'abord, certaines innovations, déjà devenues des réalités quotidiennes, prendront une importance considérable dans la vie quotidienne des entreprises, des travailleurs, des consommateurs, des citoyens. Elles influeront sur la culture, les mœurs, l'idéologie, la politique.

Le Big Data connaîtra un essor considérable, grâce à l'accroissement de la puissance de calcul des ordinateurs (même si la loi de Moore n'est plus valable depuis 2016 : Intel a ainsi annoncé le 23 mars 2016 que le doublement de la puissance de ses futurs processeurs aurait lieu non pas dans

18 mois, comme prévu par Moore, mais dans 30)[112]. Dès 2025, les ordinateurs pourront en effet réaliser $2{,}88 \times 10^{17}$ calculs par seconde quand le cerveau humain en réaliserait 10×10^{17} dans le même laps de temps, soit seulement 3,5 fois plus. De nouveaux outils (*machine learning*, *deep learning*) rendront les modèles prédictifs plus efficaces et plus précis, entraînant l'automatisation progressive de l'économie de la connaissance et de la santé ; en facilitant le dialogue avec les machines.

En 2030, 150 milliards *d'objets devraient être connectés* entre eux et avec des milliards de personnes. L'*IoT* (*Internet of Things*) bénéficiera aussi des progrès du Big Data, des systèmes d'identification (RFID, ondes acoustiques de surface, puces optiques) et des capteurs (nanotechnologies). Le marché en est estimé entre 4 000 et 11 000 milliards de dollars en 2025, soit entre 7,5 % et 21 % du PIB mondial[113].

L'*imprimante 3D* sera de plus en plus répandue, dans l'industrie et chez les particuliers. Son marché mondial, qui s'élevait à 3 milliards de dollars en 2013, devrait atteindre 15,2 milliards de dollars en 2025[114]. Dans l'industrie, son usage favorisera les relocalisations de la production dans les pays développés. Chez les particuliers, il permettra de produire des objets sur mesure, de fabriquer les pièces et outils nécessaires au bricolage, de confectionner des vêtements, de la vaisselle, des meubles, des instruments de musique, des objets d'art et des prothèses de toute nature. L'agence spatiale européenne a même le projet de fabriquer en 2030 une base lunaire sur place, par impression 3D, à partir de régolite (poussière de météorite, présente en grande quantité sur la Lune).

Les outils de *réalité augmentée* et de *réalité virtuelle* permettront de voir en 3D son correspondant sur des smartphones holographiques. D'ici quinze ans, les avancées en *eye-tracking* (Eyefluence) et en *face-tracking* faciliteront l'interaction entre monde réel et virtuel ; il sera possible de projeter en réalité augmentée l'ensemble de nos données numériques sans plus avoir besoin d'écran. On pourra se promener virtuellement dans des chantiers ou des champs de bataille. Le réel et le virtuel se mêleront, dans la pensée comme dans l'action.

Le *blockchain*, technologie[115] révolutionnaire qui permettra à chacun d'échanger de façon sécurisée sans passer par une plateforme, remettra en cause le rôle des intermédiaires, tels Uber ou Airbnb. Ainsi d'Ethereum, qui permet d'exécuter des contrats sans intermédiaires et de façon sécurisée. Ainsi, de Colony, qui veut permettre de connecter les talents du monde entier, en les rémunérant automatiquement en fonction de leur contribution. Ainsi d'Augur, qui se propose d'exploiter la « sagesse des foules » pour prédire les tendances du marché. La monnaie numérique Bitcoin en constitue un premier exemple, qui devrait avoir d'immenses conséquences, comme on le verra plus loin.

En 2030, l'*intelligence artificielle* (IA, qui regroupe l'ensemble des avancées et des techniques visant à reproduire l'intelligence humaine[116]) sera pleinement intégrée à des systèmes d'information autonomes pour les entreprises, et à des robots pour les particuliers, permettant d'apprendre, de converser, de percevoir, de créer de la musique et de stimuler des émotions. La distinction entre l'homme et l'artefact, et donc entre le mortel et l'immortel, se réduira.

En 2030, le *Web sémantique* permettra de dialoguer avec un moteur de recherche en langage naturel. On pourra donc l'utiliser dans tous les métiers du conseil (médecine, éducation, légal, etc.). La traduction automatique deviendra possible par la combinaison de l'intelligence artificielle et du Web sémantique, ce qui permettra de consulter des experts de tous pays, participant ainsi au démantèlement des frontières, en cours de toutes les façons possibles.

En 2030, la *robotique* bénéficiera des progrès d'autres technologies (nanotechnologies, intelligence artificielle, stockage de l'énergie). La reconnaissance et la synthèse vocales en seront améliorées, ainsi que la bipédie et la dextérité manuelle (préhension). Là encore, cela participera à l'accélération de l'artificialité de la vie vers l'immortalité.

En 2030, les *nanotechnologies* permettront de créer des matériaux nouveaux à l'échelle nanométrique ; des nanotubes de carbone pourraient être ajoutés aux matériaux existants pour les rendre plus légers et plus résistants, tout en modifiant leurs propriétés (revêtements antibactériens, textiles auto-réparateurs, systèmes dépolluants). Des fibres de carbone rendront ainsi quasiment impénétrables les équipements de protection sur les chantiers.

En 2030, la *génomique*[117], les techniques de thérapie génique et les biotechnologies assureront 2,7 % du PIB[118] mondial. La thérapie cellulaire permettra de régénérer des tissus et des organes à partir de cellules souches ; la production de millions d'animaux clonés[119] et la résurrection d'animaux disparus, tel le mammouth, ou en voie de disparition comme le tigre de Tasmanie, par leur clonage deviendra chose courante. La recherche sur le clonage humain aura beaucoup avancé, participant là encore à la recherche de l'immortalité.

Les biotechnologies permettront aussi de créer de nouvelles formes d'énergies, de matériaux, de traitement de déchets, et de micro-organismes vivants en impression 3D.

Les *neurosciences* auront fait d'énormes progrès, en particulier dans la compréhension des mécanismes de l'apprentissage, de la mémoire, de l'attention et de la méditation, qui jouent tous aussi un rôle dans le fonctionnement physique du corps. Les mécanismes neuronaux de la cognition, de la conscience et des émotions seront mieux connus. On identifiera les différents types de cellules cérébrales et on déterminera le rôle qu'elles jouent dans l'apparition de maladies (Alzheimer, schizophrénie, etc.) ; on établira une carte détaillée des connexions neuronales à différentes échelles ; on développera de nouvelles technologies permettant d'évaluer et de surveiller l'activité neuronale ; on établira des liens entre activité cérébrale et comportements, émotions, réflexions et conscience de soi. Là encore, une connaissance précise de la conscience de soi et de la possibilité de son transfert dans un clone conditionnera l'espérance d'immortalité.

En 2030, de nombreux secteurs seront bouleversés positivement

La santé. Le rapport à la mort restera l'essentiel du fondement de nos sociétés. L'éloigner restera la première exigence de la liberté. La demande de santé sera de plus en plus sur mesure, sans limite, avec un refus absolu de la mort, en tout cas pour ceux qui en auront les moyens. La consultation et le traitement à distance se développeront ; les piluliers connectés rappelleront aux patients de prendre leurs médicaments et préviendront les médecins et les assureurs en cas de non-respect du traitement. Les nanotechnologies permettront une meilleure détection d'anomalies à l'échelle moléculaire. Des capteurs ultrasensibles permettront d'agir à un stade précoce sur les cancers. Le développement des technologies d'IRM fonctionnelles et d'électroencéphalographie permettra de comprendre, voire de reproduire artificiellement, les émotions. Les robots chirurgicaux envahiront les blocs opératoires pour proposer des chirurgies plus rapides, plus précises et moins invasives. La pharmacogénomique reliera l'efficacité thérapeutique d'un médicament aux caractéristiques génétiques spécifiques de chaque patient. La guérison de la maladie d'Alzheimer sera à portée.

L'éducation. En 2030, des lunettes de réalité virtuelle permettront de projeter les enfants dans des univers virtuels pour développer leur curiosité et leur raisonnement critique ; on pourra s'affranchir des murs de la salle de classe pour permettre des échanges en immersion totale entre éducateurs et élèves du monde entier[120]. Les jeux vidéo pourront se révéler de précieux outils de formation, en permettant une meilleure appropriation des connaissances. On connaîtra un peu mieux le fonctionnement du cerveau et on pourra trouver des moyens cliniques d'augmenter ou de restaurer des capacités d'attention, de concentration, de mémorisation et de réflexion, de coopération et de création.

Le travail. La reconnaissance du langage naturel par les robots repoussera *de facto* toute limite en matière d'automatisation du travail ; la pénibilité en sera drastiquement réduite. Des robots se substitueront aux inspecteurs pour le contrôle des conteneurs dans l'industrie pétrochimique, aux pompiers pour ouvrir des portes et éteindre un feu. Des exosquelettes réduiront le risque de perte de vies humaines dans les armées ; des robots compagnons et les handisquelettes aideront les personnes fragiles. De très nombreux nouveaux métiers apparaîtront, essentiellement dans les services à la personne et la gestion de réseaux.

La demande de développeurs, de *data-scientists*, d'architectes en Big Data, de techniciens en biotechs et en nanotechs explosera. Il en découlera une déstructuration de l'entreprise et une modification de la nature du travail, qui deviendra plus flexible, polyvalent, déléguant, nomade et organisé autour de petites équipes.

Le logement. Des maisons entières seront imprimées en 3D. Les nanotechnologies donneront aux revêtements extérieurs la capacité de capturer et transmettre l'énergie solaire, rendant *de facto* obsolètes les panneaux photovoltaïques. Elles permettront de construire en série des « *smart buildings* », produisant plus d'énergie qu'ils n'en consomment[121]. Un nouveau ciment permettra de construire des bâtiments durant dix fois plus longtemps que ceux d'aujourd'hui. La chaîne de distribution du logement sera bouleversée.

L'eau. Les usines de désalinisation pourront bouleverser l'accès à l'eau, selon le modèle israélien (55 % de l'eau de ce pays vient de la désalinisation, qui récupère aussi 86 % des eaux usées pour les recycler et les utiliser pour l'irrigation). Le coût de l'eau produite par désalinisation (qui n'est déjà plus en 2016 que le tiers de ce qu'il était en 1990) sera encore réduit de deux tiers en 2030. Cela aura en particulier un impact considérable au

Moyen-Orient et dans la partie côtière de l'Afrique subsaharienne.

L'agriculture. L'utilisation de capteurs à grande échelle permettra de surveiller la croissance des plantes, leurs besoins en eau, en lumière, en chaleur. Les avancées en génomique permettront d'améliorer les variétés végétales et les races animales ; l'agronomie-zootechnie permettra d'optimiser les conditions de culture ou d'élevage en identifiant des gènes dits « d'intérêt agronomique ». Plus encore, une agriculture bio, sans intrants chimiques, deviendra possible et pourrait révolutionner l'ensemble du secteur : si elle ne concerne encore aujourd'hui que 1 % des surfaces agraires, elle sera bientôt capable d'assurer des rendements suffisants pour nourrir toute la planète, avec un revenu confortable pour les agriculteurs, tout en protégeant l'environnement et la santé des ouvriers agricoles[122].

L'énergie. La principale source d'énergie sera son économie, qui sera gérée par l'Internet des objets et les compteurs intelligents. On continuera d'utiliser charbon, pétrole, gaz naturel, nucléaire et énergie hydroélectrique en plus du développement du solaire, de l'éolien et d'autres sources d'énergies renouvelables. La production décentralisée d'énergie se généralisera par l'augmentation de l'efficacité et la réduction massive des coûts des panneaux solaires et des batteries ; cela permettra de donner accès à l'énergie aux milliards de ruraux qui n'y ont pas encore accès. En 2030, 1 000 milliards de dollars de plus auront été aussi investis dans le nucléaire dans 40 pays (surtout Russie, Inde, Chine, États-Unis). Le démantèlement des centrales nucléaires anciennes ne pourra plus être retardé.

L'automobile. D'ici à 2030, le moteur en hybridation légère pourrait s'imposer, en raison d'une baisse possible du coût des batteries à 150 dollars par KWh. La batterie Li-air (lithium-oxygène, attendue en 2025, et dont la densité énergétique sera dix fois supérieure à celle des battries lithium-ion actuelles) permettra aux véhicules électriques d'atteindre une autonomie comparable aux véhicules thermiques (plus de 600 km en une charge), tandis que l'utilisation de virus génétiquement modifiés permettra d'augmenter plus encore l'autonomie des batteries en nettoyant de manière plus efficace les cathodes. Les batteries usagées des véhicules électriques seront recyclées pour fournir de l'énergie aux *data centers* et aux maisons. La voiture modulable et fabriquée à la demande en 3D dans un garage de proximité pourrait aussi devenir possible. Les voitures autonomes seront une part importante des voitures produites en 2030 ; elles intégreront des capteurs optroniques, des intelligences artificielles pour la conduite autonome et des technologies connectées via les IoT. L'usage à la demande, le covoiturage et la location de voitures entre particuliers deviendront de plus en plus la norme. On construira donc moins de véhicules, et ils seront beaucoup plus utilisés.

L'aéronautique. Le futur immédiat de l'aviation passera par des moteurs hybrides, utilisant l'électricité au décollage. Northrop Grumman planche sur un avion à double fuselage, permettant d'augmenter drastiquement les capacités de transport. Airbus souhaite développer un avion à propulsion hybride d'une centaine de places et projette de concevoir et d'imprimer des pièces de rechange en 3D[123]. On ira vers des avions sans pilote, télécommandés depuis le sol. Les nouvelles technologies révolutionneront les matériaux, les structures et les commandes aéronautiques, de telle sorte que les systèmes de propulsion pourront être quasi totalement intégrés au fuselage et ouvriront la voie à de nouvelles architectures.

La distraction. L'avènement de la réalité virtuelle bouleversera l'industrie du divertissement. Le futur spectateur pourra changer de point de vue, zoomer, dézoomer ou encore envahir le hors-champ, remodeler les séquences du film, contrôler le scénario d'un film. Les compétitions et le stream de jeux vidéo s'imposeront de plus en plus dans l'univers du divertissement. La distraction sera de plus en plus individualisée et créative. De même pour le sport et son spectacle, qui sera lui aussi impacté par les nouvelles technologies, en partie de réalité virtuelle.

L'art. Là encore, la technologie fournira de nouvelles sources de création. Réalité virtuelle, imprimante 3D seront des outils naturels de création. Le spectateur sera créateur et acteur de l'œuvre. On ne distinguera plus ballet, opéra, concert. D'ici 2030, le spectateur aura la possibilité de dialoguer physiquement avec l'œuvre[124]. Déjà grâce à « Leap Motion », il est possible d'associer un son à chaque mouvement de main. Et de faire de chacun un musicien/chorégraphe[125]. L'interface Thêta Fantomes permet de produire du son et des éléments visuels par l'intermédiaire des ondes du cerveau du performeur. Le Dali Museum propose à ses visiteurs de flotter en réalité virtuelle au cœur de l'imaginaire surréaliste du peintre espagnol. Les studios Gioia se sont lancés dans le zapping en immersion de l'œuvre de Giorgio de Chirico. Des projets de street-art en réalité augmentée se développent, comme ceux de Banksy, Neck Face, Invader. Au Tate Museum, une intelligence artificielle associe des œuvres d'art à des prises de vue issues d'événements d'actualité[126]. La création fera aussi intervenir la puissance robotique ; ainsi de l'artiste serbe Dragan Ilic transformé en pinceau humain par un bras articulé géant qui le déplace sur sa toile.

L'économie collaborative. Ses cinq secteurs clés (finance, recrutement en ligne, hébergement, partage de voitures, *streaming* de musique et de vidéos) pourraient voir leur chiffre d'affaires multiplié par 30 de 2016 à 2030[127]. Selon le cabinet PwC, la finance et le recrutement en ligne seront les deux secteurs les plus dynamiques de cette économie, avec une croissance annuelle respective de 63 % et 37 % dans les années à venir. Le partage et l'altruisme deviendront ainsi des alliés du marché, des secteurs importants de la demande.

Le recyclage. D'ici 2030, de nouveaux processus de séparation des matériaux à l'échelle moléculaire, voire atomique, permettront de conserver les matériaux dans l'intégralité de leur pureté et de leurs caractéristiques initiales[128]. Ainsi d'une équipe de chercheurs à l'université d'Orléans qui utilisent de l'eau en état « supercritique », soit 500 °C pour 250 bars ; dans cet état extrême, l'eau change de propriété et devient très oxydante, donc très corrosive. À son contact, toute matière organique est détruite et se transforme en gaz ; cette méthode permet de se débarrasser des nombreux polymères présents sur les cartes électroniques et donc de récupérer beaucoup plus facilement les métaux rares y étant associés[129]. On utilisera de plus en plus des déchets, pour les recycler ; en conséquence les quantités de matières premières nécessaires à la production seront de moins en moins importantes. Là encore, l'altruisme, cette fois au service des générations futures, sera rationnellement utile à l'économie de marché.

Vers un cercle vertueux ?

Au total, on pourrait penser que la conjonction du progrès technique, d'une population active nombreuse et d'une classe moyenne en forte croissance suffira à relancer le cercle vertueux de la croissance, à provoquer une forte demande de démocratie et d'altruisme, à réduire les sources de violence et à créer naturellement en 2030 une nouvelle ère d'abondance, de liberté et de paix, de tolérance et de bienveillance, dans le contexte d'un marché planétaire, sans qu'on ait à mettre en place un état de droit global ni à accélérer la naissance d'une idéologie neuve, en en restant à celle de l'égoïsme et de la recherche individuelle de liberté.

D'abord, le progrès technique sera certainement un facteur de croissance ; ainsi, les technologies de mise en réseau créent de la croissance en améliorant le fonctionnement des marchés et en permettant de réduire le coût des échanges : par exemple, les plateformes en ligne qui mettent en relation les employeurs avec de potentiels employés (LinkedIn, Monster) pourraient augmenter le PIB mondial de 2 % d'ici 2025[130]. Beaucoup d'autres technologies évoquées plus haut augmenteront la productivité du travail et donc la création de richesses.

Ensuite, le progrès technique pourrait aussi aider à réduire la violence et augmenter la sécurité, par la connectivité, la généralisation de la vidéosurveillance, la prédictivité des comportements à risques, déviants ou menaçants, et l'autosurveillance. Il pourrait même peut-être permettre de réduire l'agressivité et d'augmenter la bienveillance, soit par la pharmaco-génomique, soit par les neurosciences.

Le progrès technique pourrait aussi régler la question du climat, en rendant possible de ne plus utiliser d'énergie carbonée ; et en permettant de réduire massivement les besoins en énergie, faisant basculer le monde d'un usage immodéré de l'énergie à un usage maîtrisé de l'information.

Le progrès technique pourrait aussi régler les besoins en eau et même supprimer la rareté (et donc la nécessité du capitalisme et de l'économie de marché, qui gère la rareté), par l'économie du partage[131] fondée sur une mise à disposition généralisée de biens et services quasi gratuits, et par l'espérance en l'immortalité que rendrait possible l'artificialisation de la vie.

Ensuite, la croissance du nombre et du pouvoir d'achat des classes moyennes des pays émergents fera surgir des consommateurs solvables de plus en plus nombreux, avec un pouvoir d'achat global, en 2030, supérieur à celui des États-Unis aujourd'hui. En 2030, 200 millions de ménages des pays émergents disposeront d'un revenu annuel supérieur à 35 000 dollars. À l'horizon 2030, l'Asie devrait représenter 59 % de la consommation mondiale contre 10 % aujourd'hui. En Chine, plus de 220 millions de ménages disposeront d'un revenu annuel compris entre 10 000 et 30 000 dollars[132].

Cela provoquera dans le monde entier un boom de la construction d'habitations et d'infrastructures, de la médecine, des télécommunications, de l'immobilier, de l'éducation, du divertissement, du tourisme et du luxe. Et plus encore, une demande de paix, d'ordre, de liberté, de démocratie et de droits de l'homme, propres à favoriser innovation et créativité.

Enfin, la libre circulation mondiale des capitaux et l'usage de nouvelles technologies dans la finance devraient conduire leurs détenteurs à les investir là où ce sera le plus rentable, c'est-à-dire en principe dans les pays émergents, y créant une croissance forte, qui renverra de la demande vers les pays développés.

Cela conduirait ainsi à un cercle vertueux géostratégique porteur de croissance, écartant les risques de crise économique majeure et de conflit mondial.

Si on en croit ce scénario, il n'y aurait donc qu'à attendre que ces évolutions se déroulent ; et ne rien faire d'autre que de laisser les banques centrales continuer à mener une politique monétaire laxiste et les gouvernements continuer à s'endetter ; sans crainte, puisque la croissance future devrait naturellement permettre ensuite de réduire le poids de la dette et libérer le bilan des banques centrales.

La technologie pourrait même permettre à terme de réformer la politique monétaire et d'organiser une croissance mondiale équilibrée, en retirant aux banques l'émission monétaire et en la confiant aux seules banques centrales, par l'émission d'une monnaie digitale nouvelle, distribuée par une *blockchain*.

Ordre naturel et immortalité seraient alors les deux espérances de l'Histoire, permettant aux hommes de supporter encore un moment désordre et rareté. Et de basculer de la rage à l'harmonie.

En réalité, cette croyance est illusoire. Tout cela ne suffira pas à compenser les dérives d'une société de pur égoïsme ni les effets dévastateurs de l'absence d'un état de droit global. L'espérance en l'immortalité apparaîtra comme une trompeuse illusion et le désordre deviendra chaos.

Cela ne suffira pas à construire un monde harmonieux

Au contraire même, tout cela entraînera des effets pervers conduisant au pire.

Aussi longtemps que l'économie du monde restera dominée par un marché sans régulateur, la théorie annonce que les éléments décrits plus haut, qu'on pense positifs, seront en fait détournés par les puissants et ne feront qu'aggraver d'inévitables déséquilibres.

D'abord, le progrès technique, si fascinant soit-il, aura des effets dévastateurs sur l'emploi ; et il aggravera la concentration des richesses. Ensuite, la classe moyenne aura de plus en plus de frustration devant l'impossibilité de faire respecter ses droits de propriété et devant le développement incontrôlé des activités illégales et criminelles ; elle craindra que ses enfants vivent moins bien qu'elle et se détournera de la démocratie. Enfin, l'espérance de l'immortalité sera sans cesse plus éloignée et réservée à quelques-uns.

Dans un tel monde, les actionnaires et leurs obligés, les consommateurs, continueront, selon le cadre théorique précédent, de l'emporter sur les salariés et les électeurs, créant les conditions d'une baisse des salaires et de la consommation, des prix et des emplois, et donc d'une déflation généralisée. La précarité et la déloyauté seront de règle. L'action des gouvernements et des banques centrales (qui continueront les uns à s'endetter et les autres à prêter sans limites aux banques pour qu'elles prêtent aux États et aux gens) ne suffira pas à relancer la consommation, car les citoyens auront tellement peur de l'avenir qu'ils préféreront épargner tout surcroît de revenu plutôt que consommer ; d'autant plus qu'ils vivront un peu plus longtemps et n'auront plus confiance ni dans les systèmes de retraite, ni dans les systèmes de santé et de sécurité, qui seront de plus en plus privatisés.

De plus, il résulte du chapitre précédent que l'absence d'un état de droit global facilitera l'exacerbation de l'égoïsme, du chacun pour soi et la destruction du sens, implicitement déclenchés par l'idéologie de la liberté. Et la montée de l'altruisme et de l'action désintéressée ne suffira pas à rééquilibrer les forces du désordre en marche. Enfin, l'absence d'état de droit contribuera au développement des activités terroristes et n'aidera pas à résoudre les conflits entre groupes et nations.

Au total, et malgré ces éléments positifs, le monde de 2030 devrait, selon cette analyse encore théorique, devenir bien plus insupportable encore, pour l'immense majorité des gens, que ne l'est celui d'aujourd'hui ; il devrait avoir utilisé tous les expédients possibles et être globalement vulnérable à la moindre crise, économique, idéologique, politique, militaire. La rage sera partout ; la frustration sera générale, la violence dominera. La théorie nous annonce ainsi que tout cela dégénérera vraisemblablement en une crise d'ensemble, financière et militaire, globalement destructrice, dans un monde de plus en plus interdépendant.

De plus, toutes les données empiriques, qualitatives et quantitatives, confirment, on va le voir, ces conclusions théoriques : si nous restons dans un monde sans état de droit global, et dominé par l'idéologie de l'argent et l'égoïsme, si nous n'agissons pas très rapidement pour réorienter nos esprits et le cours de l'Histoire, pour donner toute sa place à l'altruisme, à l'échelle de la planète, nous n'irons pas vers un monde harmonieux, mais au contraire vers un cumul de crises de plus en plus paroxystiques, où l'économie, le social, l'idéologique, le politique, le militaire se rassembleront en un nœud de contradictions, qu'il faudra trancher d'une façon brutale.

Voici les faits et ce qu'ils annoncent.

Les tendances négatives de la démographie

Entre 2015 et 2030, le monde vieillira : l'âge moyen de la population mondiale passera de 29 ans à 32 ans ; la proportion des seniors passera de 12 % à 18 %. Tandis que la moitié de la population du Nigeria aura moins de 15 ans, la moitié de celle du Japon plus de 52 ans. En raison de ce vieillissement, le taux d'épargne mondial devrait amorcer une lente décrue, pour atteindre d'ici 2030 17,5 % dans les pays à haut revenu et 31,5 % dans les pays en développement[133]. Le financement des retraites sera alors de plus en plus difficile.

D'autres conséquences globales de la démographie annoncent l'imminence d'autres problèmes :

par exemple, si 160 millions de femmes manquent aujourd'hui à l'appel en Asie de l'Est et du Sud[134], elles seront 234 millions en 2030, surtout en Chine, Inde, au Pakistan, Bangladesh[135], ce qui sera source de tensions, de migrations et de conflits. À l'inverse, les pays développés auront plus de femmes que d'hommes (parce que les femmes vivent plus longtemps que les hommes) ; de même, il y aura plus de femmes dans les pays d'émigration (Mexique et pays du Sahel). Enfin, plus de 1 milliard de personnes (soit 20 % des urbains) vivront dans des bidonvilles, parfois avec des revenus de classes moyennes et une très grande frustration.

La démographie aura en particulier des effets négatifs extrêmes dans les pays défaits ou défaillants (caractérisés par l'absence d'autorité centrale et de monopole public de la violence). Et d'abord dans les pays du Sahel. Ainsi, le Niger, le Mali, le Burkina Faso et le Tchad auront entre 120 et 132 millions d'habitants en 2035, contre 67 millions aujourd'hui. Au Niger, 576 000 jeunes arriveront chaque année sur le marché de l'emploi contre 240 000 aujourd'hui. L'agriculture ne réussira pas, sauf immenses réformes, à faire face à cette bombe démographique, en particulier au Niger, où seulement 12 % de la superficie est propice à l'agriculture[136] ; ce pays, qui avait 3 millions d'habitants à l'indépendance et en a 20 en 2016, en aura 35 en 2030. Le PIB par habitant de la région sahélienne déclinera et les plus jeunes en partiront en grand nombre.

La démographie annonce donc un avenir très sombre et pèse sur tout ce qui suit.

La pollution continuera de s'accélérer

Selon le PNUE (Programme des Nations unies pour l'environnement), les pays à plus faible revenu en Afrique et en Asie verront doubler d'ici 2030 les quantités de déchets créés en zone urbaine. Des déchets laissés pour l'essentiel à l'abandon, polluant air, eau et terre. Les océans compteront 1 tonne de déchets pour 3 tonnes de poissons à l'horizon 2025 contre 1 pour 5 aujourd'hui. Cette pollution des océans coûterait chaque année 40 milliards de dollars aux États du fait des dégradations qu'elle induit.

Si aucune mesure internationale n'est prise, les émissions de gaz à effet de serre augmenteront de 37 % d'ici 2030. À cette date, le nombre de morts prématurées dues à une augmentation de l'ozone troposphérique aura quadruplé par rapport à 2000 (30 morts pour 1 million d'habitants en zone urbaine dans le monde en 2030, 88 en Asie) ; celles liées aux particules fines doubleront dans le même temps[137] (3,6 millions de morts en 2030[138]).

Sans action majeure improbable, à l'échelle individuelle, locale, nationale et mondiale, les émissions de CO_2 sur la planète augmenteront de 25 % d'ici à 2030, dont l'essentiel viendra d'Asie. Et l'éventuelle mise en œuvre de l'accord signé en 2016 à la COP21 ne suffira pas à freiner cette tendance.

L'aggravation des changements climatiques

En conséquence, le réchauffement climatique s'aggravera partout. À l'horizon 2035, les températures de l'air augmenteront en moyenne de 0,5 °C, le niveau de précipitations dans les régions sèches diminuera ; les vagues de chaleur s'y multiplieront et la fréquence et l'intensité des précipitations augmenteront sous les hautes latitudes[139]. Selon la Banque mondiale, la température pourrait même, en cas de totale inaction, augmenter de 2 °C d'ici 2035[140].

L'Afrique subsaharienne pourrait voir sa température moyenne augmenter de 1,5 °C d'ici 2030. En Asie centrale et en Europe de l'Est, cette augmentation des températures entraînerait une fonte du pergélisol qui retient actuellement prisonnier des volumes conséquents de méthane – gaz qui piège 25 fois plus de chaleur que le CO_2. On estime que 20 à 30 % de ces volumes pourraient être libérés dans l'atmosphère russe d'ici 2050, accélérant ensuite considérablement la hausse des températures.

En conséquence, à l'horizon 2030, le niveau des mers augmentera d'au moins 15 cm ; celui de la Méditerranée de 20 à 50 cm, causant des inondations frappant, dans le pire des cas, 1,8 million de Marocains et, si les digues cèdent à Alexandrie, ce qui est, dans ce cas extrême, probable, plus de 50 milliards de dollars de dégâts, détruisant des trésors de l'humanité. En Asie du Sud-Est, le niveau des mers pourrait s'élever de 75 cm d'ici 2030, de 110 cm d'ici 2080, entraînant la submersion des deux tiers de Bangkok à l'horizon 2100.

La hausse de la température des océans provoquera aussi un blanchissement sévère, voire la disparition pure et simple, de la quasi-totalité des récifs coralliens, qui abritent en 2016 plus de 30 % des espèces marines connues et dont 500 millions de personnes dépendent directement pour leur subsistance alimentaire. Au moment où on espère en l'immortalité, c'est la vie même qui est menacée.

Les conséquences économiques et politiques d'une telle évolution seraient dévastatrices. Elle ne pourra pas être évitée sans des réformes majeures de l'état de droit.

La raréfaction extrême de l'eau

Sous l'effet de la croissance démographique, de l'urbanisation et de l'intensification agricole mondiale, et à moins d'une action planétaire concertée, l'humanité manquera terriblement d'eau. Les aquifères souterrains – qui fournissent en eau potable la moitié de la population mondiale – seront de plus en plus surexploités ; car la demande en eau augmentera de 35 % d'ici à 2030. La ressource mondiale en eau disponible par personne et par an devrait tomber à moins de 5 100 m^3 en 2030, soit trois fois moins qu'en 1950 et deux fois moins qu'en 2016.

Au total, en 2030, les ⅔ de la population mondiale devraient connaître un stress hydrique ou une pénurie d'eau[141] ; en partie parce que les eaux seront polluées et impropres à la consommation[142]. 3 milliards d'individus pourraient ne pas avoir assez d'eau, contre moins de 1 milliard aujourd'hui ; 1,8 milliard de personnes vivront dans des régions frappées par une « rareté absolue de l'eau »[143]. Le

Pakistan, l'Afrique du Sud et plusieurs régions de l'Inde et de la Chine pourraient avoir rejoint cette catégorie. L'eau sera devenue bien plus précieuse que le pétrole et presque toute autre matière première.

Cette situation, qui s'annonce inexorablement, à moins d'actions très rapides et planétaires, sera explosive, destructrice pour l'équilibre naturel et humain. Là encore, elle mettra en cause les conditions mêmes de la survie de l'humanité. On en verra plus loin les conséquences.

L'aggravation de la situation agricole

La Russie, le Canada et l'Ukraine bénéficieront du changement climatique et verront augmenter leur productivité agricole. En revanche, au niveau mondial, les changements climatiques vont réduire les rendements agricoles de 2 % par décennie au XXIe siècle, d'après le GIEC. Dans certains pays, les changements climatiques et l'assèchement des sources d'eau disponibles pourraient faire chuter de près de 50 % les rendements des cultures pluviales. En Afrique, la moitié des espèces végétales existant en 1850 et la moitié des surfaces cultivées de maïs, millet et sorgho pourraient disparaître. En Amérique latine, 50 millions d'agriculteurs seront touchés par la réduction du volume des eaux de fonte des glaciers au printemps dans la chaîne andine. Le lait deviendra inaccessible aux plus pauvres. Comme les poissons : les prises en mer diminueront de 30 % au sud des Philippines d'ici 2030.

Par ailleurs, la pollution des sols augmentera et, indépendamment de leur quantité, la qualité des produits agricoles pourrait baisser massivement.

Au total, la disponibilité mondiale en produits alimentaires atteindra un pic vers 2040 et déclinera ensuite. Il en découlera de très fortes hausses des prix agricoles. Le Pakistan et le Népal n'assureront plus leur autosuffisance alimentaire. La faim reviendra là où elle a disparu.

L'accélération des migrations

L'humanité sera de plus en plus nomade, en particulier en raison des changements climatiques, de la liberté de circulation et de l'écart du niveau de vie entre les régions : en 2030, 300 millions de personnes ne vivront plus dans leur pays de naissance, contre 244 millions en 2015[144]. Du Bangladesh, considéré comme l'un des pays les plus vulnérables aux changements climatiques, pourraient partir 50 à 60 millions de personnes. Plus de 10 % de la population des Philippines et de l'Afghanistan pourrait aussi être contrainte de migrer du fait de catastrophes naturelles ; en Inde et en Chine, 7 et 22 millions de personnes par an[145] devraient se déplacer. Plus de 30 % de la population des pays du Sahel pourrait tenter de quitter cette région, pour ces raisons.

En particulier, les migrations Sud-Sud devraient croître rapidement : l'Asie pourrait devenir une terre d'accueil pour les migrants issus d'Afrique subsaharienne et de la Corne de l'Afrique. L'Amérique du Nord devrait recevoir 18 millions de migrants (arrivées – départs) selon l'ONU. L'Europe au moins 13 millions. Légalement ou illégalement.

Si tout cela se passe sans évolution de l'état de droit actuel, sans mise en place de mécanismes d'accueil et d'insertion, sans bienveillance et altruisme, cela sera évidemment une source majeure de désordre, de violence, de colère. Nous y reviendrons.

Le caractère déstabilisant des innovations sur le marché du travail

En l'absence de réforme de l'état de droit planétaire, et d'un sens nouveau donné à la vie et au travail, le progrès technique fera disparaître d'ici à 2030 plus de la moitié des métiers existants ; et d'abord les métiers à faible niveau de qualification, sans que rien d'équivalent ne les remplace[146].

47 % des emplois américains sont considérés comme à risque « élevé » d'automatisation[147]. Les principaux métiers affectés seront ceux de la restauration, la logistique, la finance et les assurances. En Europe, les perspectives sont les mêmes. L'Inde, le Bangladesh, le Népal ou l'Éthiopie verront plus de 70 % de leurs emplois menacés, hors agriculture.

Les activités les moins automatisables seront celles impliquant l'usage du toucher et celles ayant une dimension managériale forte ou un haut degré de créativité, de perception de la réalité (intelligence sociale et émotionnelle), de précision et de flexibilité, en particulier dans la santé et l'éducation[148].

Les emplois disparus ne seront pas remplacés naturellement par autant d'emplois nouveaux, même si apparaîtront des métiers nouveaux liés aux nouvelles technologies, à la consolation, à l'éducation, à la santé et à la robotisation. Et le marché lui-même ne suffira pas à orienter à temps les étudiants et les travailleurs vers les nouveaux métiers. En l'absence d'une restauration de l'état de droit (pour penser la formation des étudiants et des travailleurs, la réorganisation du marché du travail, la réduction de la durée du travail et de grands travaux à l'échelle planétaire), un chômage structurel planétaire de masse est vraisemblable ; avec toutes les conséquences politiques qu'on peut en attendre : protectionnisme, populisme, fondamentalisme écologique, religieux ou laïc, recherche de boucs émissaires.

Poursuite de la concentration des richesses

En l'absence de réformes profondes de l'état de droit et des mentalités, l'argent restera le maître du jeu. Rien n'empêchera les fortunes les plus extrêmes de se constituer ; et celles qui existent déjà de grandir encore d'une façon de plus en plus obscène. Rien n'organisera le partage, qui ne peut plus être que planétaire, des richesses créées. Les progrès techniques continueront de concentrer les richesses dans les mains de ceux qui portent ces innovations. La concurrence des travailleurs continuera de faire baisser le niveau des salaires et d'affaiblir le pouvoir de négociation des syndicats. De plus, le taux d'urbanisation, qui passera de 50 % à 66 % en quinze ans, fragilisera le tissu social et creusera les écarts de richesse entre les différentes catégories de population.

La misère n'aura pas disparu, loin de là : en 2030, 40 % des Africains gagneront encore moins de 1,25 euro par jour[149]. À l'autre bout de la pyramide, 1 % des plus riches de la planète pourraient concentrer 54 % des richesses du globe contre 50 % en 2015. Cette tendance sera particulièrement exacerbée en Amérique du Nord, où ils concentreront 69 % des richesses contre 63 % aujourd'hui[150]. Les classes moyennes des pays développés ne verront pas leurs revenus augmenter ; et elles seront même en partie prolétarisées ; même si ces pays reprennent une trajectoire de croissance soutenue, ce qui est peu vraisemblable, 30 à 40 % de leurs habitants ne connaîtront pas de progression de revenu. Et si la croissance reste faible, 70 à 80 % des habitants de l'Occident pourraient connaître une stagnation ou une baisse de leur revenu d'ici 2030[151].

L'absence de transferts internationaux rendra impossible de réduire ces inégalités ; sinon par les transferts des migrants, c'est-à-dire des transferts de la classe moyenne vers les plus pauvres.

L'ÉCONOMIE DE LA COLÈRE

Au-delà de l'économie de la rage, qui caractérise le présent, le monde bascule progressivement vers l'économie de la colère, c'est-à-dire dans une société où l'action violente, qui a d'ailleurs recommencé à croître depuis quelques années, s'étendra et explosera en mille foyers d'incendie.

Ce basculement est, on l'a vu, la conséquence des deux dimensions majeures de notre temps :

D'une part, la domination idéologique de la demande de liberté individuelle, qui pousse à l'égoïsme, à la déloyauté et à la priorité au court terme, source de désirs et de frustrations, et qui fait de la démocratie le moyen pour chacun d'imposer ses désirs immédiats.

D'autre part, la globalisation des marchés, qui, sans globalisation des règles de droit, renforce les déséquilibres et crée les conditions du déchaînement de la violence, privée et publique.

La montée des déséquilibres

Le dévoiement de la liberté individuelle

Le paroxysme de la liberté individuelle conduira à l'apologie illimitée du plaisir individuel. Chacun ne s'intéressera plus qu'à lui-même.

D'abord, personne, ou presque, ne sera plus prêt à mourir pour assurer aux générations suivantes la conservation de leurs libertés. Chaque vie sera glorifiée, chaque mort inattendue, une tragédie nationale. Tout mort sera considéré comme un mort de trop.

Dans les armées, l'exigence de « zéro mort » imposera l'usage de robots et de drones ; les soldats seront remplacés par des drones et des robots à terre, qu'ils piloteront à distance[152]. En 2030, les drones seront capables de percevoir, analyser, planifier, réagir et prendre des décisions militaires sans intervention de l'homme ; des centaines de millions de drones assisteront les soldats et les policiers dans toutes leurs tâches de sécurité : chaque équipe policière sera bientôt équipée de drones qui l'assisteront dans ses tâches de surveillance, de poursuite et d'intervention dans des situations sous haute tension. Des drones seront aussi déployés autour des bases militaires et à proximité des infrastructures sensibles (centrales nucléaires, réservoirs d'eau, entrepôts de munitions, etc.) afin d'en assurer la surveillance et la protection. Les drones remplaceront aussi les journalistes sur les théâtres de guerre.

Ensuite, la santé sera d'abord et avant tout voulue en tant que santé individuelle, au détriment de la prévention et des soins de nature collective. Les assurances seront sur mesure, comme le seront tous les objets. Les assureurs surveilleront et tiendront compte dans le calcul des primes de la nutrition, de l'activité physique et sportive, de la protection du cercle familial de leurs clients[153]. Afin de construire cette offre sur mesure, les assureurs noueront des partenariats avec hôpitaux et start-up afin de recueillir un maximum de données via la domotique, les box intelligentes, les objets médicaux connectés, les capteurs de la Smart City, les robots assistants de vie, etc. La recherche de l'immortalité sera l'obsession des plus riches.

Enfin, la priorité à la vie sera telle qu'on n'admettra plus que soit pris le moindre risque ; en particulier dans la recherche ; même lorsqu'il n'y aura pas de conséquence pour les générations futures. Cela entraînera une réduction significative des activités de recherche et d'aventures, qui seront considérées comme des risques inutiles.

Le dévoiement de l'ordre géopolitique

L'équilibre entre les nations continuera de se déplacer à grande vitesse, avec une croissance de l'Asie plus rapide que celle de tous les autres continents. En 2030, les États-Unis seront encore cependant, politiquement, médiatiquement, culturellement, idéologiquement, la première puissance du monde ; ils seront en particulier encore la première économie mondiale avec un PIB de 24 000 milliards de dollars (dollars 2010). Mais leur part dans l'économie mondiale se réduira de 23 % en 2015 à 20 % en 2030[154]. À l'inverse, celles de la Chine et de l'Inde augmenteront : le PIB de la Chine, qui a déjà dépassé celui des États-Unis en parité de pouvoir d'achat, atteindra 18 900 milliards de dollars et celui de l'Inde 7 300 milliards de dollars[155]. Loin derrière, on trouvera le Japon avec 6 500 milliards de dollars, l'Allemagne avec 4 300 milliards de dollars et, plus loin, la France avec 3 500 milliards de dollars.

Aucune nation ne sera encore en situation de remplacer les États-Unis au centre du pouvoir mondial ; et l'Union européenne, même si elle se maintient et se renforce, et même si son PIB sera supérieur à celui des États-Unis, ne sera pas, à cette date, une puissance unifiée et cohérente.

Face à ces nations, comme l'annonce la théorie prévoyant que le marché sera plus puissant que la démocratie, les entreprises seront de plus en plus puissantes : le chiffre d'affaires des plus importantes d'entre elles dépassera celui de nations très puissantes. Par exemple, le chiffre d'affaires d'Apple (si la firme connaît une croissance identique à celle du passé au cours des 10 prochaines années) atteindra 4 500 milliards de dollars en 2024, soit plus du double du PIB français en 2015 et plus de la moitié de celui de l'Inde en 2030. Celui d'Amazon atteindra 1 000 milliards en 2024[156]. Et chacune des 6 premières entreprises du classement Fortune 500 de 2025 (Apple, Facebook, Amazon, Google, entre autres) aura un chiffre d'affaires de plus de 1 000 milliards de dollars. Ces entreprises seront de plus en plus indépendantes des États, même de leur État d'origine ; elles pourront leur imposer plus facilement leurs conditions, en les mettant en concurrence. De moins en moins de règles viendront s'opposer à leurs désirs. Les institutions démocratiques de chaque pays et les institutions internationales seront de plus en plus discréditées, faute de moyens.

Poursuite de l'endettement public et de la réduction des moyens budgétaires

Dans ce contexte, les gouvernements ne réussiront pas à lever assez d'impôts, auprès de citoyens de plus en plus égoïstes, de moins en moins conscients de l'importance de financer des services publics, qu'ils ne voudront pas, pour autant, réduire. Cela se traduira par une augmentation des déficits publics et privés ; et donc aussi des dettes publiques et privées à des niveaux jamais atteints dans l'histoire. Si la tendance continue, la dette publique mondiale représentera 98 % du PIB mondial à l'horizon 2035[157]. Elle sera en 2030 de 116 %

du PIB pour les États-Unis, 264 % pour le Japon, 97 % pour la zone euro. Cela fournira aux acteurs financiers des moyens gigantesques et conduira à une hausse du prix des actifs à des niveaux très élevés, qui ne seront pas justifiés par les profits attendus[158].

Il sera donc de plus en plus difficile de financer des services publics.

Poursuite du délabrement des services publics

Dans une telle situation, démographique et financière, les États auront de moins en moins de moyens pour financer les besoins croissants en services publics.

D'abord les infrastructures auront le plus grand mal à être maintenues en état. Aux seuls États-Unis, selon l'American Society of Civil Engineers, la remise en état des réseaux de transport (routes, chemins de fer), d'eau, d'électricité et des infrastructures portuaires, fluviales et aéroportuaires exigerait de trouver 1 440 milliards de dollars entre 2016 et 2025. En Afrique, pour financer les importants investissements nécessaires pour les réseaux de production, de distribution et d'assainissement de l'eau, et nouveaux systèmes d'irrigation, il faudrait le triple des montants investis chaque année, dont 80 milliards de dollars seulement pour répondre aux besoins en eau dans les 25 prochaines années. Enfin, il faudra 1 200 milliards de dollars en Inde pour mettre à niveau les réseaux urbains du pays avant 2030.

De même, et bien que cela restera une priorité, on aura le plus grand mal à maintenir le financement des infrastructures de santé pour tous. Les nouvelles technologies de soin et les nouvelles thérapies seront réservées aux plus riches. Une médecine à deux vitesses pourrait dès lors se mettre en place. L'espérance de vie pourrait baisser, comme elle a commencé à le faire aux États-Unis et en France pour certaines populations ; en particulier en raison des ravages, en Occident, des drogues illicites et des médicaments antidouleur. En Afrique, faute de moyens, le sida continuera de croître, à raison de 2 millions de contaminations nouvelles par an, surtout en Afrique australe et parmi les hommes dans la force de l'âge. Par ailleurs se développeront les maladies liées à l'eau (choléra) ou transmises par des insectes et animaux à sang froid sous l'effet de la démographie, de l'urbanisation, des migrations, du climat, des mouvements de marchandises. Enfin, le monde ne sera absolument pas préparé, par insouciance, à une éventuelle épidémie de grippe d'un genre nouveau, qui pourrait se déclencher à tout moment, à partir de la mutation d'un virus existant ou de bactéries multi-résistantes, vectrices de maladies connues, ou de nouvelles pandémies transmises par les moustiques. Elle pourrait se révéler au moins aussi grave que la « grippe espagnole », qui tua près de 5 % de l'humanité dans les années 1918 à 1920.

Enfin, en l'absence d'un état de droit fort, et au vu des ressources budgétaires disponibles, de nombreux systèmes d'éducation pourraient connaître de très graves difficultés financières. Les fonds annuels pour construire les infrastructures nécessaires pour assurer une éducation de base dans les pays à faible revenu ne seront pas disponibles ; et moins encore l'état de droit et l'autorité nécessaires pour faire en sorte que l'école soit de qualité, que la discipline y soit respectée et que les maîtres y soient honnêtes et compétents. L'effondrement des systèmes scolaires aggravera le chômage et l'emprise de mouvements extrémistes et fondamentalistes sur les jeunesses du monde.

Remise en cause de l'idéal des démocraties de marché

La démocratie sera progressivement critiquée, puis rejetée, parce qu'elle échouera à donner du sens et sera incapable de maîtriser les forces du marché ; de prévoir les enjeux de long terme, de prendre des décisions impopulaires, de diffuser équitablement le progrès technique, de maîtriser le climat, de canaliser les migrations, d'organiser le vivre-ensemble, de donner une voix égale à chacun, et encore moins aux générations futures ; incapable de maîtriser la concentration des richesses et des pouvoirs, d'équilibrer les pouvoirs des marchés, de créer des emplois, de maintenir le niveau de vie des classes moyennes, de faire respecter la sécurité, de donner du sens à la rage, de maîtriser la colère.

On expliquera que les mêmes soi-disant élites se reproduisent, et qu'elles décident en fonction de leurs seuls intérêts, qu'on présentera de plus en plus comme nomades, sans racines, contraires à l'intérêt des nations. Les classes moyennes mêleront dans un même opprobre les élites et les migrants, nomades de luxe et nomades de misère.

Le marché ne sera pas non plus indemne de ces critiques : beaucoup expliqueront que les libertés de travailler et de consommer ne sont que des illusions ; que les plus riches sont toujours favorisés ; que le droit de propriété n'est pas protégé ; que la croissance n'est pas au rendez-vous ; que l'emploi n'est pas garanti ; que des milliards de gens sont maltraités ; que l'environnement n'est pas protégé ; qu'on est de moins en moins bien.

On préférera les plaisirs de l'instant à la défense de la liberté des générations suivantes. Le narcissisme imposera sa tyrannie. On refusera de mourir pour défendre les autres, ou des valeurs. Des boucs émissaires seront désignés parmi ceux qui sont différents, et en particulier ceux venus d'ailleurs. On voudra les chasser, les exclure.

On dira que la libération du désir illimité, voulue par le marché et la démocratie, provoque de la frustration, par l'impossibilité de satisfaire tant la demande de biens que la demande de renommée. La démocratie et le marché seront ainsi vus comme de plus en plus porteurs d'une idéologie nomade, contraire aux intérêts des peuples, qui sont, eux, sédentaires.

La liberté sera vue aussi comme le droit de libérer la part diabolique qui est en soi, de moins en moins contrainte par la conscience et le respect de soi, d'être monstrueux, sectaire, suicidaire, tortionnaire. La liberté légitimera la rage et la colère, qui se retourneront contre elle.

Émergeront alors des idéologies d'une grande violence, de l'écologie radicale au fondamentalisme religieux. La démocratie sera rejetée. Le totalitarisme revisité.

Pour se protéger, on sera prêt à abandonner la démocratie au nom de la laïcité ou du fondamentalisme ; on utilisera toutes les technologies dans une société d'hyper-surveillance, où la sécurité deviendra un marché de masse. On sera prêt à oublier la liberté pour défendre la sécurité. On passera de la démocratie à la dictature en passant par l'étape de la « démocrature », dictature maquillée en démocratie.

La croissance des moyens de la colère

Devant ce désordre, rien n'empêchera la violence de croître, et en particulier la violence légale. Les difficultés financières des États, qui réduiront les dépenses de santé et d'éducation, ne les empêcheront pas de participer à la course aux armements, nourrie par des technologies nombreuses aux usages à la fois civils et militaires.

Les innovations en armement vont s'accélérer

D'ici 2030, la supériorité aérienne sera plus que jamais vitale pour les États ; d'autant plus que la généralisation des capteurs aéroportés fonctionnant en réseau ouvrira de nouvelles perspectives opérationnelles. Les armées devront donc faire produire et se doter d'armes hyper-véloces, immunes à toute forme d'interception[159], évoluant à des vitesses supérieures à plusieurs fois la vitesse du son, tout en étant capables de manœuvrer, planeurs ou missiles de croisière hypersoniques.

D'autres avancées technologiques auront lieu, pour protéger la vie des soldats et démultiplier les moyens de mort : des exosquelettes utilisant un casque de réalité virtuelle permettront de décupler les capacités physiques et mentales des militaires. La marine bénéficiera des mêmes moyens nouveaux. La cyberguerre continuera à brouiller de plus en plus les frontières entre guerre et paix. De nouveaux agents toxiques seront développés par des laboratoires de plus en plus facilement démontables et transportables. La miniaturisation des réacteurs chimiques flexibilisera également la production d'armes chimiques. Malgré la Convention sur l'interdiction des armes biologiques en 1972, seront développés des organismes pathogènes génétiquement modifiés. Enfin, la convergence de la chimie et de la biologie fera peser le risque de création d'une arme hybride, combinant par exemple les capacités de transmission d'une arme biologique avec la létalité d'une arme chimique[160].

Toutes les innovations civiles pourront être utilisées comme des armes par des États ou des entités terroristes.

Les diverses armées en présence

Dans ce monde de moins en moins contrôlé, les armements de tous les pays croîtront très vite, même si les États-Unis, la Russie, la France et le Royaume-Uni continueront, en principe, à réduire leurs arsenaux nucléaires en application du Traité de non-prolifération.

Quand on fait le point des armements annoncés pour 2030, on ne peut qu'être terrifié par la croissance inouïe des moyens de mort qui seront déployés, ne serait-ce que par les États :

Aux États-Unis, 3,3 % du PIB américain sera consacré aux dépenses militaires. La marine américaine devrait compter 300 navires de guerre en 2034, dont 3 nouveaux porte-avions de type Gerald R. Ford emportant la version marine des avions de chasse F-35[161]. L'US Air Force devrait disposer quant à elle de plus de 2 100 avions de combat. L'armée américaine disposera aussi de drones équipés de lasers antimissiles, à vitesse supersonique, dotés de capacités de bombardement, et d'une nouvelle génération de missiles intercontinentaux pour remplacer l'arsenal de Minuteman III d'ici 2028. Un nouveau bombardier nucléaire, le B-21, remplacera les B-52H et B-1B au cours des décennies 2030-2040. Enfin, les États-Unis remplaceront leur arsenal de bombes nucléaires à gravité B61 par des missiles guidés B61-12, beaucoup plus précis et puissants, à partir de 2022[162]. Ils disposeront d'une vaste couverture antimissile. Des robots remplaceront les fantassins, en nombre beaucoup plus importants[163].

La Russie procédera aussi à un réarmement accéléré : en 2020, elle comptera plus de 400 missiles de croisière ICBM, plus de 100 satellites militaires, 450 avions de combat, 56 divisions de système de défense anti-aérien S-400, 15 sous-marins nucléaires, 50 frégates de combat et plus de 2 300 tanks et 3,4 millions de soldats (réservistes compris). Son budget militaire s'établira durablement à 5 % de son PIB[164] : elle possédera, en particulier, la deuxième flotte de sous-marins à missiles balistiques du monde (8 Borei transportant chacun 20 missiles Bulava). Elle développe aussi des armes nouvelles, de toute nature, dont un drone terrestre blindé fournissant un appui-feu et une reconnaissance à distance. Elle est particulièrement active dans la cyberguerre.

La France restera une des grandes puissances militaires mondiales et la principale armée d'Europe : son armée de l'air assurera la prolongation d'une partie de la flotte de Mirage 2000D en complément de ses Rafale et se dotera des 3 derniers avions ravitailleurs MRTT et d'une cinquantaine d'avions de transport militaires[165]. Son armée de terre se dotera d'hélicoptères d'attaque et de transport supplémentaires, et d'un 3e satellite d'observation spatiale. Ses forces spéciales disposeront de 2 avions de transport tactique. Sa marine se dotera de nouvelles frégates de taille intermédiaire, et peut-être d'un second porte-avions, et continuera à disposer de 4 sous-marins nucléaires lanceurs d'engins.

Le Royaume-Uni disposera de plus de 300 chasseurs, dont 160 Eurofighter Typhoons, ce qui pourrait en faire la plus puissante des forces militaires aériennes d'Europe de l'Ouest. Il disposera aussi de la plus petite, mais, paradoxalement, la plus puissante, flotte navale de son histoire, grâce à deux nouveaux porte-avions et une flotte conséquente de sous-marins à missiles balistiques[166].

La Chine aura en 2030 plus d'avions militaires en service que les États-Unis[167]. Elle possédera 415 navires de guerre, 60 sous-marins conventionnels, 12 sous-marins nucléaires, 4 porte-avions, 26 destroyers, 40 frégates, 26 corvettes, 73 bateaux amphibies et 111 bateaux lance-missiles[168]. Elle disposera de 1 300 avions de combat, 450 avions de transport et 700 hélicoptères[169]. Elle aura 240 têtes nucléaires, 75 missiles balistiques intercontinentaux, 60 missiles balistiques pouvant être tirés depuis un sous-marin et 5 à 6 sous-marins lanceurs de missiles balistiques. Son budget militaire pourrait égaler celui des États-Unis à l'horizon 2030.

L'Inde disposera de la deuxième flotte militaire navale d'Asie (hors Russie) et de la deuxième flotte de porte-avions du monde. Elle possédera 12 sous-marins conventionnels, 7 sous-marins nucléaires lanceurs d'engins, 16 destroyers et 4 porte-avions. Elle aura 800 avions de combat dont 36 Rafale français, 300 avions de transport et 650 hélicoptères. Elle aura aussi au moins 100 têtes nucléaires et 25 missiles balistiques intercontinentaux.

La Corée du Nord pourrait posséder dès 2020 100 armes nucléaires[170] contre 6 à 10 ogives en 2016[171]. Elle se dotera de missiles balistiques avec des charges conventionnelles, des armes chimiques, bactériologiques, voire nucléaires. Elle pourrait aussi disposer de bombes à hydrogène miniatures, pouvant aisément être installées dans la tête de missiles capables d'atteindre l'Alaska.

En raison de ces menaces, le Japon et la Corée du Sud développeront eux aussi une force de frappe nucléaire.

La Corée du Sud[172] disposera d'un système de missiles permettant de frapper les sites balistiques nord-coréens en cas de crise imminente avant que ceux-ci n'aient le temps d'entrer en action, combiné à un système d'interception des missiles.

Israël maintiendra sa posture de guerre, se dotera de 75 F-35 d'ici 2030, renforcera son arsenal nucléaire et son bouclier antimissile.

Certains pays (dont la Russie, la Chine, l'Irak, la Corée du Nord, la Syrie, l'Iran, l'Inde et le Pakistan) continueront d'avoir des centres de recherche et de production d'armes biologiques.

Les entités non légales, criminelles et sectaires seront de plus en plus puissantes

En 2030, selon Interpol, faute d'un renforcement majeur de l'état de droit, les activités criminelles et illégales s'organiseront en un réseau d'entrepreneurs du crime, utilisant tous les moyens technologiques pour mettre en commun leurs moyens et pour disposer d'armements de plus en plus sophistiqués. Comme les entreprises légales, ils emploieront, eux aussi, pour l'essentiel, des mercenaires déloyaux. Grâce aux avancées technologiques, ils pourront collaborer et s'entraider en fonction de leur domaine d'expertise. Toute la hiérarchie traditionnelle du crime organisé sera remise en question par l'apparition de ce réseau de coopération horizontale d'acteurs indépendants qui travailleront ensemble comme mercenaires du crime. Ces

« criminels nomades » auront accès aux avancées technologiques les plus récentes.

Le crime organisé sera en mesure de prendre le contrôle des routes de fret. Le recours à des opérateurs extérieurs et la multiplication de sources de données délocalisées sont autant de failles potentielles que les *criminal nomads* pourront infiltrer.

Le trafic d'êtres humains et le transport illégal de migrants seront facilités par le recours à des véhicules puissants et autonomes. La géolocalisation par satellite et le détournement de ballons améliorant la connectivité permettront aux criminels d'échapper aux forces de l'ordre, là où elles existent.

L'imprimante 3D permettra de déplacer le marché d'activités illégales dans la sphère personnelle : chacun sera potentiellement en mesure d'imprimer des contrefaçons de grandes marques via l'acquisition de patrons sur le deep Web, de synthétiser ses propres médicaments/drogues et de fabriquer des armes, dont la revente et le paiement s'effectueront via les canaux d'e-blanchiment de crypto-monnaie[173].

L'exploitation du Big Data permettra aux criminels nomades de mettre en place des systèmes sophistiqués de vol d'identité. Se développera un marché du vol et de l'échange de données numériques. Par exemple, la technologie RFID pourra être détournée afin de récupérer et compiler un ensemble d'informations bancaires (numéro de carte, prêts, historiques d'achats, etc.). Les données biométriques volées permettront de construire de nouvelles identités afin d'échapper aux radars des autorités douanières et policières. Transport de drogues, trafic d'êtres humains et d'espèces menacées seront ainsi facilités. Ainsi, en 2030, on assistera, à moins d'une action rapide en vue de mettre en place un état de droit, à une véritable explosion des cas de détournement, d'extorsion et de chantage touchant aussi bien les individus que de grandes firmes multinationales et autres organisations internationales.

Enfin, la nanotechnologie et la robotique offriront de nouvelles perspectives aux entreprises criminelles, qui pourront prendre le contrôle de systèmes intelligents intégrés au cœur de la plupart des activités industrielles[174].

L'EXPLOSION DE LA COLÈRE

Dans une situation si complexe, l'interdépendance croissante des acteurs économiques et politiques se couplera à une fragilisation accrue de l'état de droit ; l'égoïsme et l'aveuglement conduiront à négliger tous les enjeux du long terme, et à ne pas comprendre l'utilité égoïste du bonheur des autres ; la moindre étincelle pourrait, comme le montre la théorie développée au chapitre précédent, mettre le feu aux poudres.

Et la moindre crise économique ou militaire pourrait être cette étincelle. Toutes pourraient avoir des conséquences systémiques, économiques et militaires. Plus précisément, une crise locale pourrait déclencher, par le jeu des alliances ou des contagions, une crise globale, économique ou militaire, ou les deux à la fois.

Six détonateurs d'une crise économique et financière mondiale

Comme le démontrent la théorie esquissée au chapitre précédent et les données empiriques de ce chapitre, ni le marché ni les innovations ne pourront suffire à créer un état d'équilibre stable utilisant la totalité des moyens de production, ou à faire disparaître l'amoncellement de dettes publiques et privées. Au contraire, on l'a vu : la démographie créera des désordres multiples ; le progrès technique aggravera les inégalités et le sous-emploi ; la robotisation accélérera le chômage ; les dépenses publiques seront de plus en plus difficiles à financer. L'endettement public ne pourra qu'augmenter.

En l'absence d'un état de droit planétaire, et sans acteur central capable de compenser les insuffisances du marché, on ne peut compter que sur l'action des banques centrales pour compenser ses insuffisances[175]. Dans une telle situation de déséquilibre, dont toutes les données précédentes confirment l'inévitabilité, un petit choc pourrait provoquer une très grande catastrophe.

Plus précisément, six étincelles pourraient mettre le feu aux poudres.

1. *En Chine, les bulles d'endettement* du secteur immobilier, des grandes entreprises publiques et des entités financières non régulées peuvent exploser, entraînant un krach brutal sur les Bourses chinoises et une crise de change mondiale en raison d'une forte dévaluation du yuan, avec, à la clé, une révolution de palais. Au pire, la Chine fermera ses frontières et déclenchera une vague de protectionnisme ; la production industrielle s'effondrera, provoquant une chute du prix des matières premières et entraînant ensuite toute l'économie mondiale dans la crise.

2. *Une crise par exacerbation du protectionnisme.* Confrontés à la compétition et à la récession, un nombre croissant de pays s'enfermeront dans le protectionnisme et le souverainisme. En particulier, l'Union européenne ou les États-Unis pourraient être tentés de se fermer plus encore, de peur d'être submergés par une vague incontrôlable d'importations venant d'Asie, ou de migrants venant du Mexique, du Moyen-Orient ou du Sahel[176]. Cela entraînera, si cela devient très significatif, une crise majeure du commerce international et un effondrement de l'économie mondiale.

3. *Une crise européenne* pourrait aussi se déclencher par un effondrement du système bancaire italien, ou allemand, ou par la décision d'un pays de la zone euro, à la suite d'un référendum, de revenir à une monnaie nationale, entraînant une fuite des épargnants hors de ce pays. Là encore, la crise ne resterait pas limitée à l'Europe et deviendrait rapidement planétaire.

4. *L'éclatement de la bulle géante des dettes d'États* peut être provoqué par les liquidités quasi gratuites et injectées massivement par les banques centrales. En tout cas, ce niveau d'endettement n'est plus tenable. Cela se traduira par une hausse spectaculaire des taux d'intérêt et du niveau général des prix[177]. Le risque est particulièrement élevé

au Japon, en raison d'une monétisation déjà bien avancée et de la perspective d'un déficit de la balance des paiements structurel d'ici cinq ans, dû à la montée de la part des retraités dans la population (qui doivent dépenser leur épargne pour vivre) ; une crise japonaise pourrait provoquer une très forte dévaluation du yen, puis toucher par contagion dans le monde entier toute la classe d'actifs gouvernementaux et entraîner un rush vers le cash et l'or, suivi d'un effondrement de l'économie mondiale.

5. *Une crise financière aux États-Unis* pourrait être déclenchée par l'effondrement d'un acteur majeur de *shadow-banking*, ayant investi dans des entreprises industrielles, américaines ou non, trop spéculatives, entraînant un effondrement du système financier américain et une crise mondiale d'une ampleur inégalée.

6. *Une crise liée au prix du pétrole* pourrait être déclenchée par un blocage du détroit d'Ormuz ou de celui de Malacca, par des actions terroristes, des campagnes de piraterie, ou une action étatique, qui ferait monter le prix du pétrole durablement au-delà de 100 dollars le baril, avec là encore des conséquences dévastatrices sur l'économie mondiale.

Personne ne peut dire quelle serait le coût d'une telle crise globale, chaque jour plus probable, déclenchée par l'une ou l'autre de ces six étincelles. Il est en tout cas vraisemblable qu'elle se traduirait par une décennie, au moins, de récession et de déflation. Une vaste partie de la population mondiale verra son niveau de vie stagner ou baisser ; en particulier, la baisse du niveau de vie des classes moyennes aurait des conséquences politiques et militaires dévastatrices : la démocratie n'y résisterait pas.

Six détonateurs pour une guerre mondiale

La puissance de plus en plus énorme des armements, leur dissémination, leur disponibilité pour des acteurs non étatiques, le comportement absurde et suicidaire des grandes puissances, en particulier des États-Unis, l'émergence de poches potentielles de désordres (dans le Sahel, entre les pays riverains de la mer de Chine ou au Moyen-Orient), l'absence d'institutions internationales crédibles capables de prévenir les conflits rendent chaque jour une guerre mondiale plus vraisemblable. Elle pourrait être déclenchée par de nombreuses crises locales, ayant des conséquences systémiques.

Voici quelques exemples de scenarii de ce genre, par ordre de probabilité.

1. *Crises en mer de Chine*

Diverses crises peuvent se déclencher à partir des divers pays présents dans la région.

Le régime chinois (qui est en passe de battre le record mondial de durée d'un régime de parti unique) peut se sentir menacé par la concurrence de l'Inde, dont la population dépassera la sienne en 2022. Pour accéder plus rapidement au statut de première puissance mondiale, la Chine peut être tentée de prendre des risques face au Japon, en implantant des îlots artificiels dans des territoires administrés par le Japon comme les îles Ryukyu ou Senkaku, comme elle le fait dans les îles Spratleys, revendiquées par ses voisins (Vietnam, Malaisie, Philippines, Brunei). Les États-Unis apporteraient alors leur aide au Japon, tandis que la Corée du Nord soutiendrait la Chine, qui pourrait déclencher des attaques nucléaires massives contre les États-Unis. Cela pourrait faire 50 millions de morts et de 25 à 50 millions de blessés graves en Amérique du Nord[178]. Les radiations issues d'une telle attaque affecteraient plus de 50 % de la population nord-américaine. Les radiations résiduelles entraîneraient la perte de plus de 40 % des terrains agricoles tandis qu'un tiers des centrales électriques des États-Unis seraient détruites. Dès lors, l'espérance et la qualité de vie des survivants de cet holocauste nucléaire seraient similaires aux conditions du Moyen Âge[179].

La Corée du Nord pourrait aussi décider d'attaquer le Japon avec des armes nucléaires, entraînant dans la guerre, par le jeu des alliances, les États-Unis, qui ont déjà déployé sur leur base militaire de Guam un système de missiles antibalistiques dirigé contre la Corée du Nord. De même, la Corée du Nord pourrait décider d'envahir le sud de la péninsule, ce qui entraînerait automatiquement les États-Unis dans la guerre, avec leurs 28 000 soldats en poste le long de la zone démilitarisée, et les 40 000 soldats en garnison au Japon et sur l'île de Guam. Une guerre mondiale en découlerait. Autre scénario de crise impliquant la Chine : celle-ci pourrait aussi se trouver en situation d'affrontement avec l'Inde, pour le contrôle des sources des grands fleuves.

2. *Crises dans l'ancienne Union soviétique*

La Russie en déclin démographique, vieillissante, avec 10 % de musulmans, avec une population chinoise bientôt majoritaire dans son Extrême-Orient[180], entourée d'ennemis potentiels, pourrait chercher, volontairement ou en réaction à une menace, à rompre son isolement et son encerclement.

Elle pourrait d'abord se trouver en confrontation avec la Chine, pour la maîtrise des terres de Sibérie, bientôt très fertiles avec le réchauffement climatique. Elle pourrait encore occuper la bande de terre connectant la Crimée (qui dépend de l'Ukraine pour son approvisionnement électrique) aux régions séparatistes à l'est de l'Ukraine. Pour l'en dissuader, les États-Unis et l'Europe pourraient augmenter leur soutien à l'Ukraine, en armant le pays, avant de songer à l'intégrer au sein de l'OTAN, ce que la Russie considérerait comme un *casus belli* ; Moscou lancerait alors une attaque préemptive contre les États-Unis.

La Russie pourrait aussi intervenir pour relier l'enclave de Kaliningrad au reste de la Fédération, en particulier si des tensions ethniques se développaient entre les minorités russophones et les autres populations de la Lettonie, de la Lituanie ou de l'Estonie ; il faudrait à peine trois jours pour que l'armée russe envahisse les Pays baltes. Cela entraînerait des cyberattaques en provenance de l'Estonie (première nation en matière de cyberdéfense), une mobilisation de l'ensemble des Pays baltes, une intervention de la Pologne, puis probablement une intervention de l'OTAN, et enfin une guerre globale[181].

La Russie pourrait aussi penser qu'elle peut ou doit reconquérir la Biélorussie, si celle-ci devait basculer du côté de l'Europe occidentale, ce qui déclencherait aussi une guerre avec les pays membres de l'OTAN. La proximité des forces armées des deux blocs, dans un contexte de forte tension, en particulier en Pologne, pourrait alors facilement déraper, menant à des échanges de tirs entre les deux parties.

Enfin, une crise pourrait avoir lieu entre la Russie et la Turquie, qui embraserait une région déjà exsangue du fait du conflit en Syrie et de la lutte contre l'État islamique. La Turquie étant membre de l'OTAN, une guerre turco-russe pourrait déclencher un conflit planétaire.

3. *Crise indo-pakistanaise*

Si une attaque était lancée vers l'Inde par des groupes terroristes venus du Pakistan, des troupes d'élite indiennes lanceraient des attaques conventionnelles, visant à prendre le contrôle des bases abritant des ogives nucléaires pakistanaises, situées près de la frontière. Le Pakistan pourrait alors décider d'utiliser son arsenal nucléaire tactique (en principe limité au seul théâtre des opérations) pour stopper l'avance indienne. L'Inde, elle, ne différencierait pas l'usage « tactique » et un usage stratégique de destruction en profondeur et déclencherait une riposte nucléaire massive. De là aussi découlerait une guerre nucléaire d'ampleur mondiale.

Si l'État pakistanais tombait entre les mains d'un mouvement radical, l'ensemble du monde aurait intérêt à neutraliser son arsenal nucléaire : des frappes conventionnelles tenteraient d'abord de neutraliser les ogives pakistanaises. Si certaines de ces armes échappaient à ces frappes, les Indiens enverraient des troupes sur le territoire pakistanais, avec le risque de souder le peuple pakistanais autour du nouveau régime. N'ayant plus rien à perdre, l'état-major pakistanais – voire même des commandants de base agissant de leur propre initiative – pourrait alors préférer faire usage de ses armes nucléaires tactiques plutôt que de les laisser tomber aux mains de l'ennemi de toujours.

4. *Crises au Moyen-Orient*

Elles pourraient prendre plusieurs formes :

À partir de la Syrie : on peut craindre aussi, avant 2030, l'effondrement du régime syrien ; cela pourrait entraîner un durcissement du régime iranien ou la destruction de ce qui reste de l'État libanais et la revendication palestinienne d'un État unique, transformant Israël en une nouvelle Afrique du Sud en situation d'apartheid ou déclenchant une guerre nucléaire contre Israël.

La défense de l'Irak, devenu lieu d'affrontement entre Turcs, Russes, Américains, Kurdes et Iraniens, pourrait déraper dans une guerre plus importante si les contingents étrangers en viennent à s'opposer.

À partir de l'Arabie saoudite : si la gouvernance de ce pays changeait et tombait entre les mains d'un régime fondamentaliste, on pourrait voir la production du pétrole utilisée à des fins terroristes. Il ne faudrait pas longtemps pour que les prix mondiaux du pétrole grimpent très haut, plongeant tout l'Occident dans une crise majeure et entraînant une guerre mondiale.

Enfin, le basculement de l'Égypte entre les mains d'un régime fondamentaliste ou militariste pourrait pousser la région dans une nouvelle guerre. L'Égypte pourrait aussi réagir à sa situation de manque d'eau. Alimentée seulement par le Nil, qui prend en partie sa source en Éthiopie et traverse en partie le Soudan, l'Égypte pourrait provoquer un conflit comme celui qui l'opposa à l'Éthiopie au sujet de la construction éthiopienne d'un barrage en amont du Nil. Le président Sadate affirmait d'ailleurs déjà en 1979 que « le seul facteur qui pourrait conduire à nouveau l'Égypte à entrer en guerre [était] l'eau ».

5. *Crises au Sahel et dans la Corne de l'Afrique*

En 2030, le chaos annoncé plus haut dans les pays du Sahel et dans les 9 États faillis en Afrique (la Corne de l'Afrique, la région des grands lacs africains, le Mali, le Niger) aura des conséquences planétaires, entraînant le développement du terrorisme dans toute l'Afrique, de la Côte d'Ivoire au Kenya, du Niger à l'Éthiopie, provoquant des mouvements massifs de population vers l'Afrique du Nord et vers l'Europe. Des dizaines de millions de gens se déplaceront. Certains pays du Nord tireront sur les réfugiés pour ne pas les laisser pénétrer sur leur sol. Une guerre d'un genre nouveau se déclencherait.

6. *L'État islamique*

La stratégie de Daech vise à la fois à reconquérir le territoire conquis puis perdu en Irak et en Syrie, bastion de son califat, à étendre sa zone d'influence, en mobilisant davantage de combattants isolés, et à déstabiliser les démocraties, en les incitant à se fermer aux étrangers, en vue de provoquer un antagonisme entre musulmans et non-musulmans, et de créer les conditions d'une profonde guerre civile, en Europe et aux États-Unis. Pour cela, ils emploieront tous les moyens : la terreur, l'intimidation, l'enrôlement, la séduction, la conversion, la soumission, la violence. Jusqu'à ce que la guerre civile qu'ils comptent déclencher leur apporte de plus en plus de recrues et crée les conditions d'une guerre totale entre l'Occident et l'islam.

L'explosion

Bien d'autres catastrophes, capables de détruire l'humanité tout entière, sont possibles. Elles peuvent se manifester avant 2030 : un manque d'eau touchant des milliards de gens ; un virus incontrôlé, dont on ne trouverait pas le traitement avant qu'il ne fasse des milliards de morts ; un dérèglement plus rapide que prévu du climat ; une erreur dans un laboratoire de biogénétique ; une intelligence artificielle supérieure décidant d'en finir avec l'humanité ; la folie des vendeurs d'armes poussant leurs clients, gouvernementaux ou privés, à faire usage de leurs dernières trouvailles.

D'ici à 2030, on peut craindre au moins que la rencontre de quelques-uns de ces dysfonctionnements conduise, comme on l'a vu deux fois au XXe siècle, à une nouvelle guerre mondiale.

Une telle guerre utiliserait toutes les armes disponibles, nucléaires, bactériologiques, chimiques. Elle ferait des centaines de millions de morts, aux États-Unis, en Chine, en Inde, au Japon, en Afrique ; et en Europe elle détruirait, en particulier, l'essentiel de ce que nous avons construit depuis mille ans.

Qui ne voit que tout ce qui se passe aujourd'hui nous y conduit ?

Le croire possible est absolument nécessaire. C'est même la seule façon de l'éviter.

Chapitre 4

LE MEILLEUR DU MONDE

Pouvons-nous éviter de passer de l'économie de la rage à celle de la colère ?

Le monde peut-il éviter de dériver vers le pire ? L'humanité a-t-elle encore le contrôle de son avenir ? Pouvons-nous encore être autre chose que les spectateurs d'une histoire qui nous dépasse ?

Pouvons-nous au moins la comprendre, en saisir l'essentiel, en deviner les évolutions à venir, prévoir les chocs qui nous attendent ? Est-il à notre portée de faire la synthèse de tant d'informations si complexes, et si contradictoires ?

Pouvons-nous encore espérer que le bien l'emporte tout naturellement sur le mal ? Pouvons-nous écarter l'hypothèse d'une disparition totale de l'humanité ? Allons-nous réussir à ne pas être transformés en objets par le jeu de notre propre raison ? À ne pas être détruits par la force de nos propres bêtises ? Sommes-nous capables de tirer le meilleur de notre rage ? Saurons-nous résister à la tentation de nous suicider, par notre barbarie ou notre science, avant même qu'une intelligence extérieure ne nous menace ?

Est-il à notre portée d'agir ? Peut-on réveiller un somnambule ? Est-il possible de faire comprendre aux résignés de notre temps que le pire n'est pas inéluctable ?

Chacun de nous, dans un monde si fou, peut-il encore espérer vivre décemment ? Peut-on encore réaliser nos aspirations, « devenir soi » ?

À lire ce qui précède, on peut être tenté de répondre négativement à toutes ces questions : le pire est le plus vraisemblable ; et si c'est le cas, le monde ne dépassera pas 2030 sans une crise majeure et une guerre meurtrière. L'une et l'autre mondiales et provoquant des dommages irréversibles à l'humanité.

Parce que la prise de conscience des enjeux du temps, planétaires et complexes, reste encore très minoritaire ; parce qu'il semble improbable, lorsqu'on les aura compris, qu'on puisse détourner les forces immenses à l'œuvre aujourd'hui sur toute la planète, et dont on vient de décrire les tendances.

Les métaphores ne manquent pas pour décrire cette situation et annoncer le pire : il y a très longtemps déjà, les meilleurs esprits de l'humanité, confrontés à des tragédies du même genre, qu'ils sentaient venir sans réussir à en convaincre leurs contemporains, affirmaient avec angoisse qu'il était impossible de réparer en pleine mer un bateau pris dans la tempête ; et, de fait, les sociétés dans lesquelles ils écrivaient se sont toutes fracassées sur les écueils qu'ils avaient prévus ; et elles ont toutes disparu. Aujourd'hui encore, des oiseaux de mauvais augure parlent avec la même angoisse et la même révolte du sort funeste qui attend notre monde, qu'ils décrivent, cette fois, comme un avion sans pilote, ou pire, sans cabine de pilotage.

De fait, prévoir une catastrophe ne permet pas toujours de l'éviter. Par exemple, il est facile de prévoir que chacun des vivants d'aujourd'hui mourra un jour, sans pouvoir jamais l'éviter ; ou qu'un grand tremblement de terre frappera un jour la région de Tokyo et celle de Los Angeles, sans pouvoir s'y opposer ; ou que le Soleil cessera un jour d'éclairer la Terre. Ces situations sont évidemment très différentes : on peut quitter les régions menacées ; on ne peut pas encore fuir notre planète, ni éviter sa propre mort. Dans tous les cas, face aux enjeux du monde d'aujourd'hui, il ne sert à rien d'espérer une issue pour quelques-uns sans une solution pour tous.

Alors, sommes-nous condamnés à nous résigner à vivre au mieux le bref temps qui nous reste, humanité moribonde, sans chercher à faire plus qu'à jouir de ces quelques derniers instants, les uns après les autres ? Devons-nous nous préparer à revivre la barbarie qu'ont connue nos anciens ? Pouvons-nous ne pas nous préoccuper des générations suivantes ? Devons-nous accepter le suicide de notre monde sans réagir ?

Je ne le pense pas.

Nous pouvons oser espérer que l'avenir soit autre chose qu'un retour, en pire, des barbaries des siècles précédents. Et que notre monde devienne vivable, pour chacun et pour tous.

Pour y parvenir, il nous faut d'abord comprendre que le bonheur de l'autre nous est plus utile que son chagrin ; que le marché ne peut suffire à organiser le monde ; que la démocratie, limitée au territoire d'une nation, ne sera bientôt plus qu'un leurre ; que l'un et l'autre, démocratie et marché, sont dévoyés par les exigences de l'immédiat. Il nous faut ensuite canaliser notre rage vers l'altruisme et non vers la colère ; réaliser que la coopération vaut mieux que la compétition ; que l'humanité est une ; et que nous en déduisons la nécessité de passer à un niveau supérieur de l'éthique et de l'organisation politique de l'humanité.

Il nous reste pour cela très peu de temps. La destruction du monde est en marche ; le compte à rebours a commencé.

Bien sûr, un tel changement de mentalité et d'organisation peut sembler à peu près impossible ; surtout dans le bref laps de temps qui nous reste, avant que le désastre ne soit irréversible, pour le mettre en œuvre.

Il n'empêche. Il faut y travailler. Dominer notre rage, ne pas nous contenter de réclamer, de nous plaindre ou de survivre un instant de plus que les autres. Tenter de réparer ce navire dans la tempête, de construire cette cabine de pilotage en plein vol. Après tout, c'est ce que firent avec succès, entre autres, les rédacteurs de la Constitution américaine, en pleine guerre d'indépendance contre un colonisateur britannique alors tout-puissant ; les auteurs français de la Déclaration des droits de l'homme, dans un Ancien Régime encore triomphant ; et les concepteurs occidentaux de la Charte de l'Organisation des Nations unies, au pire moment d'une guerre, à l'issue alors encore très incertaine, contre des dictatures barbares. Tous, en résistant, en cherchant à être eux-mêmes, prêts à donner leur vie pour un idéal au service des générations suivantes.

Nous en sommes là, de nouveau. Et cette fois-ci à l'échelle de la planète tout entière, qui y joue sa survie. Il nous faut donc chercher, même si c'est très difficile, ce qu'il est possible de faire pour éviter le pire.

Et pour cela, n'être ni optimiste ni pessimiste, ni résigné ni naïf. Être seulement enragé, très enragé. Non pour prendre les armes et détruire ; mais pour refuser le monde tel qu'il est ; et tel qu'il va devenir, si on le laisse évoluer comme il est prévisible. Puis calmement identifier les leviers d'action, permettant d'espérer réorienter le cours de l'Histoire, et rendre possible une vie libre et passionnante pour chacun. Il faudra pour cela employer des moyens aussi gigantesques que les menaces qu'ils serviront à combattre. En agissant surtout sur soi. Et accessoirement sur le monde.

Agir sur soi

Comme toujours quand de grands changements collectifs sont nécessaires, tout commence par un changement personnel, une mutation intime : agir sur soi, pour se préparer à agir sur le monde afin qu'il reste vivable pour soi. On découvre alors qu'agir sur soi est, en soi, une action sur le monde.

On périra tous si on se contente de chercher, dans les interstices du désastre, un petit bonheur personnel, dans la réalisation narcissique d'une ambition mondaine ; ou même dans la mise en œuvre, dans l'accumulation de petits plaisirs, d'un devenir-soi de pacotille. On périra tous aussi, si on ne vit pas sincèrement, pour soi et pour les autres, au-delà de la rage qu'inspire le présent, une éthique neuve, exigeante et libératrice, bienveillante et altruiste, donnant sens à chacune de nos vies et à celles des générations suivantes, en leur permettant, à elles aussi, de choisir leurs vies.

Comme toujours, tout commence par le rapport à la mort. Par son refus absolu, vital, obsessionnel. Parce que la vie est magnifique, ou en tout cas peut l'être. Refuser la mort en donnant le plein sens à sa propre vie ; sauf quand des valeurs suprêmes sont en jeu, celles qui concernent les générations suivantes ; d'autres l'ont fait : par exemple, quand il leur a fallu défendre, au bénéfice des générations suivantes, face à la barbarie nazie, des valeurs, et d'abord la liberté et la démocratie, en prenant le risque du sacrifice suprême.

De même aujourd'hui il serait impensable d'espérer résoudre les problèmes auxquels nous faisons face, qui mettent en danger l'existence même de l'humanité, si on n'est pas prêt à se battre, jusqu'à la mort même, pour que vive, dans l'intérêt des générations suivantes, une éthique de l'altruisme, de l'empathie et de l'élégance ; à la place de celle de l'individualisme, de l'avidité, de la convoitise et de la barbarie qui va en découler.

Merveilleuse coïncidence, qu'on peut résumer dans cette phrase étrange, véritablement révolutionnaire, valable de tout temps et face à tous les grands dangers : *c'est en menant soi-même la plus noble vie possible qu'on sauvera le monde.*

Autrement dit, c'est en nous donnant les moyens de vivre du « bon temps », et en aidant les autres à le vivre aussi, que nous pourrons créer les conditions d'un monde heureux et durable.

On retrouve ici ce qu'enseignent les grandes philosophies, religieuses et laïques, qui font toutes de l'amour de l'autre la clé du bonheur ; ce que disent aussi, plus récemment, les neurosciences ; et enfin ce que mettent en pratique les acteurs de l'« économie positive », c'est-à-dire ceux qui agissent explicitement au service des générations suivantes.

Cela suppose de prendre conscience de l'urgence d'agir, dans le bref temps dont nous disposons sur cette planète ; de réaliser l'importance d'un changement rapide de paradigme, pour soi et pour les autres. Et d'abord d'être soi-même suffisamment enragé, pour ne pas vouloir déraper dans la colère et vouloir vraiment rationnellement, lucidement faire triompher l'altruisme ; une colère pour construire, pour aimer, pour trouver d'abord le courage de se remettre en cause.

Pour y parvenir, certains peuvent se contenter de leurs intuitions, de l'éducation qu'ils ont reçue, de la lecture de certains livres, de certaines rencontres ou encore de la prise de conscience que pourrait, que devrait susciter le terrible constat dressé dans les chapitres précédents.

Pour d'autres (et même pour ceux qui sont poussés à l'action par l'inclinaison de l'intuition), il n'est pas inutile de se mettre en situation d'une action durable, en l'enracinant dans des valeurs fortes, forgées au cours d'un processus de réflexion.

Pour mener à bien cette prise de conscience, je suggère d'emprunter un chemin mental précis et logique, en suivant, dans l'ordre, les dix étapes suivantes.

Avant de les lire, puis de les mettre en pratique, sans doute faut-il prendre un peu de temps de pause, de méditation, de retour sur soi. Pour éprouver et maîtriser sa rage et la canaliser. Cela suppose donc, pour commencer, d'apprendre à prendre de la distance, à méditer, en pleine conscience, à ne pas se laisser aller au vagabondage mental, à maîtriser ses émotions, à prendre le contrôle de soi-même.

On peut alors commencer à suivre ce chemin. Chacune de ses étapes est grave ; chacune engage profondément le sens donné à sa propre vie ; et bouleverse bien des routines dans la façon de la vivre, et de sourire aux autres. Chacune mérite qu'on en pèse chaque mot avant de les faire siens. Elles sont nécessaires si on veut avoir la moindre chance d'agir durablement de façon utile, pour soi et donc, on le verra, pour le monde.

Les voici.

1. *Prendre conscience de l'inévitabilité de sa propre mort.*

Se souvenir de ce qu'on préfère oublier : un jour, proche ou lointain, chacun de nous ne sera plus là. Prendre conscience de l'imminence de sa propre mort et de celle de tous ceux qui nous sont proches. Il peut être difficile d'imaginer le moment de sa propre mort ; et plus difficile encore de visualiser, d'intérioriser, celle de ses propres enfants ; c'est pourtant par cette réflexion qu'il faut commencer.

Comme depuis l'aube des temps, comme dans toute civilisation, on l'a dit plus haut, tout commence par le sens donné à la mort. Non désormais pour s'y résigner, ni pour tout attendre d'un au-delà ; mais pour prendre conscience de l'unicité de sa vie, de la singularité de chaque instant, de l'importance d'en faire le meilleur, de vivre chaque moment comme s'il était le dernier, d'être animé d'une saine rage contre tout ce qui abaisse, humilie, contraint, aliène, et de faire tout pour laisser la meilleure trace possible, dans un monde qu'on aurait aidé à rendre vivable pour soi et les autres.

Une fois acquise cette conscience de la mort, en déduire la sérénité quand celle-ci se profile d'une façon irréversible, par la maladie ou par toute autre cause. En déduire aussi une indifférence à l'égard de certaines ambitions terrestres et en particulier de l'argent et du pouvoir ; sinon pour s'en servir comme des outils pour d'autres fins qu'eux-mêmes.

Alors, la mort peut être mise en perspective, début d'un temps pendant lequel le monde continue d'exister sans vous, et où chacun peut, s'il en a créé les conditions, continuer d'exister dans le souvenir reconnaissant des autres.

2. *Se respecter, se prendre soi-même au sérieux.* Puisque le temps dévolu à chacun sur cette planète est si bref, se donner comme ambition de l'utiliser au mieux. Ce qui ne veut pas dire ne s'accorder aucun loisir, aucun repos. Mais se donner les moyens d'une vie pleine, en prenant soin de son corps et de son esprit. Ne rien faire qui n'ait un sens, qui ne soit unique.

Et pour cela, ambition très exigeante et nécessaire, ne rien faire, ni professionnellement ni personnellement, qui puisse être fait par un autre. Car, si toute vie est unique dans son essence, elle doit l'être aussi dans son accomplissement.

Et c'est possible : en chaque être humain est cachée une certaine forme de génie, un don particulier, qu'il faut déceler, pour le faire fructifier. Le trouver, pour soi et les autres, est une des plus grandes conditions d'une vie réussie.

3. *Trouver ses propres invariants.*

Dans cette multiplicité de vies possibles, et souhaitables, il existe des invariants, des valeurs auxquelles chacun doit savoir qu'il tient plus qu'à tout. Elles rassemblent ce que chacun fait sien, quoi qu'il arrive, dans son héritage et ses valeurs, religieuses ou laïques, civiques ou politiques. Cela définit ainsi une éthique, limitant l'exercice de sa propre liberté, s'étendant à l'humanité ou se restreignant à sa famille, ou même à quelques proches.

Elles forment le cadre dans lequel on se sent à l'aise avec soi-même et on n'a pas le sentiment de se trahir en agissant, ou en n'agissant pas.

Il est essentiel de trouver ces valeurs au plus profond de soi, de les expliciter et de faire savoir aux autres l'importance qu'on y attache.

Si on les a bien cherchées et révélées, elles forment aussi les enjeux dont la défense mériterait qu'on accepte de mettre sa vie en jeu ; des enjeux d'autant plus importants à se révéler à soi-même, quand d'autres, comme c'est le cas aujourd'hui, sont capables de se donner la mort pour détruire nos valeurs.

4. *Se faire une opinion, sans cesse remise en cause, sur ce que vont faire les autres, et sur ce que peut devenir le monde.*

Cela suppose d'être curieux, intéressé, aux aguets, sans idée préconçue ; et comme on l'a fait dans les chapitres qui précèdent, de faire sans cesse l'analyse du monde, dans ses multiples facettes.

Pour cela, l'empathie (c'est-à-dire la capacité à se mettre à la place des autres, sans les juger, en comprenant leurs intérêts) est essentielle ; elle suppose de chercher à comprendre leurs valeurs, leurs invariants, ce qu'ils cherchent, pourquoi ils agissent ainsi ; même si leurs comportements nous semblent égoïstes, déloyaux ou hostiles.

Prendre alors conscience que le monde va vers le pire ; et ne pas l'accepter. Laisser monter une saine rage contre ce qui vient. Accepter cette rage comme un moteur de l'action, pour se construire. Pour se sauver. Et pour comprendre la relation entre soi et les autres.

5. *Prendre conscience que son bonheur dépend de celui des autres.*

Prendre conscience de l'interdépendance de soi et du monde ; réaliser que le malheur pour soi vient presque toujours de notre aveuglement, de notre résignation devant le malheur des autres ; qu'on ne peut rien réussir pour soi si on ne fait pas plaisir, ou si on n'est pas utile, à d'autres ; et en particulier qu'être altruiste à l'égard des prochaines générations est dans son propre intérêt.

Nul n'est tenu *a priori* de tolérer la présence d'un autre ; ni de partager avec un autre. Jusqu'au moment où il comprend que c'est dans son intérêt, comme consommateur, travailleur, citoyen. On peut alors aller plus loin et ressentir qu'aider les autres, en particulier les générations suivantes, est un grand privilège, en même temps qu'égoïstement utile.

C'est dans cette prise de conscience que se situe le vrai basculement salvateur de l'idéal de la liberté à celui de l'altruisme. C'est ainsi qu'on évite de laisser la rage déraper en colère.

Et c'est de ce basculement que dépendra la survie de l'humanité ; il ne peut avoir lieu que si l'altruisme n'est pas imposé mais voulu, souhaité, vécu en profondeur, rationnellement et affectivement, par chacun, au plus profond de soi. C'est le résultat des cinq étapes précédentes.

6. *Se préparer à vivre plusieurs vies, simultanément et successivement.*

Et, puisqu'on est mortel, et qu'on ne peut pas être certain d'avoir une autre vie dans l'au-delà, ni d'être un jour réincarné sur cette planète, rien n'interdit de concevoir, ici et maintenant, plusieurs projets de vie, dans la transparence et l'audace, avec ambition et courage ; des projets aussi originaux, sincères et personnels que possible.

Se préparer ainsi, simultanément et successivement, plusieurs projets professionnels, plusieurs projets d'accomplissement personnel. Afin de découvrir sans cesse des façons différentes de se réaliser et de mettre sans cesse de nouvelles personnes sur la route de son épanouissement.

Comprendre aussi que c'est en aidant les autres à devenir soi qu'on peut le mieux réaliser son ou ses propres projets de vie.

Plus généralement, dans la loyauté et la transparence, dans l'interdépendance des épanouissements personnels, préférer, autant qu'il est possible, le « et » au « ou ». C'est d'ailleurs ainsi qu'on lutte le plus efficacement contre le vieillissement et la mort : on n'a toujours que l'âge de ses projets.

7. *Se préparer à résister aux crises, aux menaces*, au découragement, aux critiques, aux échecs.

Tout ce qui précède permet de se mettre en situation de résilience et de courage ; de tirer les leçons de ses échecs, sans en faire porter la responsabilité à d'autres. De ne jamais laisser s'éteindre la rage contre l'humiliation, la frustration, l'aliénation.

Aider les autres à avoir un jugement libre, quitte à ce que cela les éloigne de vous ; et être prêt, même si c'est contre votre propre intérêt, à respecter les choix de vie des autres et l'avis des autres. Le chagrin n'est pas incompatible avec l'altruisme.

Apprendre à survivre au deuil, au chagrin ; en particulier, ne pas se sentir coupable d'être un survivant d'une catastrophe naturelle, d'un accident ou d'un attentat ; ne pas culpabiliser d'un échec professionnel ou sentimental. Toujours avancer vers l'essentiel : devenir soi.

8. *Ne rien considérer comme impossible.*

Espérer l'inespéré, penser l'improbable, et agir sans les attendre. Refuser absolument d'admettre toute soi-disant démonstration de l'impossibilité de tout projet que ce soit (sauf s'il s'agit d'une démonstration scientifique irréfutable ou d'une exclusion morale justifiée).

Savoir que, quand on est confronté à deux projets considérés par les autres comme impossibles, l'un rend souvent l'autre possible.

Être prêt à apprendre et à se transformer aussi souvent que nécessaire ; et seulement si c'est nécessaire pour la réalisation de son (ou ses) projet(s).

9. Une fois ces huit premières étapes accomplies, *mettre en œuvre*, avec humilité, écoute et raison, *en soi et pour soi, un (ou des) projet(s) prenant sens pour soi.*

Des projets aussi concrets, ambitieux et réalistes que possible ; des projets qui sont naturellement, tenant compte de tout ce qui précède, aussi altruistes que possible, ne serait-ce que pour atteindre ses objectifs les plus égoïstes. Car il n'y a pas de devenir-soi qui ne soit, d'une façon ou d'une autre, altruiste, ne serait-ce que pour satisfaire son ego en plaisant aux autres. En particulier, des projets utiles aux générations suivantes, en leur apprenant, à elles aussi, à franchir ces étapes, à être loyales et altruistes.

Des projets menés avec assez d'humilité pour être capables de les remettre en cause si les faits leur donnent tort.

Des projets dont la rage fournit le carburant et dont l'esprit et le corps sont les moteurs.

10. Enfin, se préparer à *agir aussi pour le monde.*

En conséquence de ce qui précède, ne pas se laisser aller à l'attitude du « résigné-réclamant », qui se contente de critiquer l'état du monde, mais ne fait rien ni pour devenir soi ni pour améliorer le monde parce qu'il se considère comme un spectateur impuissant d'une réalité sur laquelle il n'aurait jamais aucune prise.

Comprendre qu'aucun projet personnel ne peut se réaliser si le monde continue à glisser vers l'enfer et agir, pour le bien du monde, par tous les moyens.

Et pour cela, sans pour autant vouloir en faire un métier, ou en tirer gloire ou profit, militer dans des partis politiques ou des associations et ne jamais laisser à d'autres le monopole des postes d'élus ou de responsables politiques.

Une fois parvenu ainsi à la pleine conscience de ce qu'est le monde, et de la nécessité d'agir pour le changer, reste à agir. Le monde changera par la multitude de ces graines ainsi semées. Ce sont les milliards de devenir-soi réunis qui changeront le monde parce qu'ils seront, par nature, altruistes. Cela n'empêche pas de définir aussi un programme global pour détourner le cours de l'Histoire, et de tenter de le mettre en œuvre. Au-delà des semences, un plan d'irrigation peut être utile.

Des milliers, des millions, bientôt des milliards de gens l'ont compris. Ils constituent les étincelles de l'espérance. Ils ont fait cette analyse du monde. Ils ont choisi de devenir soi et ils ont compris que cela passe par l'altruisme. Ils sont enseignants, médecins, paysans, cadres, infirmiers, entrepreneurs, ouvriers, étudiants et tant d'autres métiers. Ils regardent le monde autrement en se posant sans cesse la seule question qui vaille, qui découle de ce qui précède : « Que puis-je faire pour le bonheur du monde ? » Et en général, humblement, ils trouvent et rayonnent de leur bonheur. Leur action commence à se voir. Elle fait exploser l'ancien monde, comme le capitalisme a fait, en son temps, exploser le monde féodal. Voici venir le meilleur du monde.

Agir pour le monde

Espérer agir pour changer le monde peut sembler si illusoire qu'il ne servirait à rien d'y penser. D'autant plus que l'action sur le monde ne pourra être efficace que si elle est menée d'une façon cohérente par des millions, des milliards de gens altruistes et déterminés, et par leurs représentants, décidés à appliquer un programme d'ensemble, ambitieux et cohérent, surgissant progressivement d'une prise de conscience du présent et du futur, tels qu'on les a analysés plus haut. Cela peut paraître absurde, naïf, déraisonnable que de l'espérer.

Tout ce qui précède montre pourtant qu'un tel programme est nécessaire à la survie même de l'humanité ; et à la protection de la diversité de la vie ; qu'il est la condition de la paix et de l'harmonie du monde. Et aussi la condition de la mise en œuvre éventuelle de chaque projet individuel.

Tout ce qui précède démontre aussi qu'un tel programme doit être fondé sur la mise en place d'un état de droit planétaire.

Cela peut sembler si énorme que cela serait totalement illusoire. Et pourtant, bien des gens ont commencé à penser à ce que pourrait être cet état de droit, et les institutions nécessaires pour le mettre en œuvre. On les accuse trop souvent d'être des mondialistes sans identité, prêtes à piétiner les nations et à nier les spécificités de chaque culture ; il n'en est rien : tout ce qui précède montre aussi que la survie des nations passe, elle aussi, par la mise en place d'un état de droit planétaire.

Et si des milliards de gens appliquent la méthode précédente et se libèrent de l'aliénation, ils contribueront tout naturellement à un réagencement, pour le meilleur, du monde.

Une fois cela défini, une fois comprises et posées ces urgences, une fois pris conscience que le monde est en train de se suicider, qu'il faut le respecter, qu'il est de plus en plus interdépendant, que chacun a intérêt au bonheur de l'autre, que nous vivons sans doute les derniers moments pendant lesquels nous pouvons encore agir, chacun peut canaliser sa rage dans l'action.

Chacun peut inclure dans son devenir-soi le fait de militer, lutter, débattre, réfléchir, penser à un programme concret, fondé sur le cadre théorique et l'analyse empirique qui précèdent, sans cesse remis en cause par de nouvelles données, de nouvelles découvertes.

Un tel programme conduit à la mise en place concrète des conditions de l'exercice d'un altruisme rationnel à tous les niveaux. Il passe par des réformes institutionnelles.

Ces réformes, j'en ai conscience, ne se réaliseront pas en un jour ; et même sans doute jamais : elles reviennent, en fait, à construire cette cabine de pilotage d'un avion pris dans la tempête. Pour le faire, il faut d'abord que les passagers de l'avion prennent conscience de cette nécessité. C'est l'agir pour soi et il n'a pas de sens sans agir ensemble.

Plus exactement, à mettre en place un état de droit planétaire quand, en principe, aucune force motrice du monde n'y a intérêt.

Un tel programme mettra sans doute cinquante ans à se réaliser, après ou à la place d'un grand conflit mondial. Il peut se résumer en dix propositions, dont voici la liste, sans hiérarchie d'importance. Elles feront toutes partie, tout naturellement, du devenir-soi altruiste de chacun. Elles en seront la traduction politique, par les représentants des peuples. Et diplomatique par leurs négociations. Elles peuvent paraître loin des considérations des devenir soi personnels. Tout ce qui précède montre qu'elles sont les conditions de leurs réalisations.

1. Introduire partout, dans les écoles et dans les textes de loi, l'apprentissage de l'altruisme, de la tolérance et de la loyauté.

2. Instituer, auprès de l'Assemblée générale de l'ONU, les trois institutions suivantes :

Un *Conseil de sécurité*, à la composition rénovée pour représenter la réalité du monde.

Une *chambre des générations suivantes*, rassemblant des jeunes de moins de 30 ans du monde entier, donnant leur avis en fondation des conséquences de toute décision internationale sur les générations futures. Une telle chambre disposerait de tous les moyens de prévisions et de statistiques mondiales, publics et privés. Elle aurait prééminence protocolaire sur le Conseil de sécurité, qui devrait entendre et débattre de ses avis.

Un *tribunal mondial de l'environnement* pour appliquer les divers articles d'un *traité international* édictant les responsabilités universelles des générations actuelles à l'égard de la raison d'être de l'humanité.

3. *Lutter contre tous les risques d'embrasement d'un conflit mondial.*

Cela suppose :

D'abord de réduire la course aux armements, en surveillant sans relâche la mise en œuvre des accords existants, en contrôlant en particulier l'usage des technologies duales, et en mettant en place de nouveaux traités mieux adaptés aux circonstances.

D'éteindre partout les foyers qui menacent de s'allumer, en renforçant sérieusement les institutions qui en ont la charge, telle l'OSCE ; une institution du même genre serait d'une grande urgence en mer de Chine, lieu probable d'un prochain affrontement.

De réduire le pouvoir des institutions qui poussent au conflit en prétendant au pouvoir. De ce point de vue, l'OTAN n'a plus de raison d'être et devrait être remplacée par une police en charge de faire respecter l'état de droit mondial.

4. *Renforcer l'état de droit et les moyens légitimes de répression de la violence*, en particulier contre la violence faite aux femmes et aux enfants.

Pour cela :

Faire respecter le droit international existant en regroupant tous les textes et traités visant à assurer la sécurité et la protection de la planète et des citoyens, et le développement de l'altruisme en un codex mondial. Attribuer davantage de moyens à ceux qui ont mission de les faire respecter ; en particulier, renforcer les moyens d'Interpol, de Tracfin et de toutes les institutions de lutte contre la criminalité internationale.

Poursuivre et faire juger par le Tribunal pénal international tous les dirigeants qui commettent, ou laissent commettre sciemment, des crimes de toute nature contre leurs peuples.

5. Organiser la *coordination économique mondiale.*

Pour cela, confier au Conseil de sécurité rénové les compétences actuelles du G20, le doter d'un secrétariat permanent crédible et lui donner des moyens de contrôle et de coordination des institutions financières internationales existantes.

6. *Créer une monnaie mondiale, sur la base du blockchain*, à l'image du bitcoin, en complément des monnaies existantes, en faisant contrôler son émission par le FMI, pour donner à tous un revenu minimum universel. L'allocation de la monnaie digitale pourrait être réservée aux particuliers, et la banque centrale deviendrait totalement maîtresse de l'émission de monnaie, évitant ainsi tout risque de bulle.

7. *Faire respecter un droit mondial de propriété* du sol pour que les petits paysans puissent créer les conditions de leur efficacité, dans le respect des sols.

8. *Créer un fonds mondial d'économie positive*, pour encourager le développement des activités altruistes, en particulier au service des générations suivantes ; et en particulier, mettre en place une prévention mondiale des principales pandémies, encourager l'innovation dans l'agriculture bio, le recyclage et les énergies renouvelables.

9. *Encourager le déploiement mondial rapide du progrès technique*, pour donner au plus vite accès à tous à l'eau, à la santé, à l'énergie, au logement, à l'éducation et à l'information.

10. Enfin, mesurer par des indices objectifs *les progrès dans ces directions* des entreprises, des

villes, des régions, des nations et du monde. Rien de sérieux ne peut être fait si ce n'est mesuré, contrôlé.

Un tel programme peut paraître totalement utopique, irréaliste. Il l'est. Comment peut-on imaginer mettre tout cela en place à l'échelle du monde, alors que se préparent toutes les forces du désordre ?!

De fait, tout cela ne se retrouvera pas, tout naturellement, dans les programmes des hommes politiques, où que ce soit dans le monde, tous rivés à un mode de pensée du XIXe siècle.

Et pourtant, sa mise en œuvre serait seule capable d'éviter la catastrophe. C'est la seule façon de construire une cabine de pilotage dans l'avion de l'humanité.

Sa mise en œuvre n'est pas illusoire. Tout cela a commencé, en particulier avec l'économie positive, qui rassemble tous ceux qui travaillent dans l'intérêt des générations suivantes, qui trouvent leur bonheur dans le bien qu'ils apportent aux autres, qui ne trouvent du sens ni dans l'accumulation infinie des richesses, ni dans la destruction des autres, mais dans le sourire et le partage. Tout cela s'exprime dans les innombrables « devenir soi », nécessairement altruistes, qui fleurissent partout. La meilleure preuve est qu'il n'y a pas un seul de ces dix sujets sur lequel il n'existe pas, au moins, une ONG puissante et efficace à l'échelle mondiale. Il n'est donc pas totalement déraisonnable de penser qu'on puisse y parvenir.

Pour ce qui concerne en particulier la France, voici les dix propositions qu'il faudrait mettre en œuvre pour qu'elle joue sa part dans ce programme de survie. Dix propositions qui découlent tout naturellement du désir de chacun de devenir soi et des moyens nécessaires pour y parvenir.

1. *Renforcer les moyens de chacun de devenir soi*, en augmentant massivement les taux d'encadrement dans les écoles maternelles et primaires des quartiers, pour faire en sorte que le processus d'intégration dans la République laïque soit le plus réussi possible.
2. *Transformer les systèmes d'éducation* en des processus d'éducation continue tout au long de la vie, des techniques, des savoirs, des philosophies, des éthiques. Ne laisser personne au bord de la route, donc ne pas accepter ni le moindre chômeur sans formation, ni le moindre SDF sans une offre de réinsertion.
3. *Égaliser les conditions de fin de carrière* pour tous et faire en sorte que la retraite soit le début

d'une deuxième vie active, au service des autres, en particulier en enseignant.

4. *Renforcer massivement les moyens donnés pour agir de façon altruiste* en libérant du temps et des moyens pour que chacun participe à une ONG, une association, un syndicat, un parti politique.

5. *Faire du programme pour la planète l'axe de la diplomatie française.*

6. En particulier, *faire de l'Union européenne le modèle de l'altruisme rationnel.* Pour cela, compléter l'état de droit européen par la mise en place d'une police des frontières, d'une police interne, d'une défense commune, d'un revenu minimum européen et d'une politique sociale commune. Et *faire de la Francophonie une institution forte*, dotée d'un état de droit et des moyens d'une action altruiste dans son propre intérêt ; et en particulier capable de restaurer l'ordre dans les pays du Sahel, dont on a vu quels dangers ils vont courir et faire courir.

7. *Redonner du sens au long terme* en élisant le président de la République pour sept ans non renouvelables et en créant une chambre des générations futures, avec des membres de moins de 30 ans tirés au sort.

8. *Faire de la prévention en matière de santé* une priorité absolue, tant dans les régimes de sécurité sociale qu'à l'école et au travail par une action sur

l'alimentation et l'activité physique. Protéger en particulier les sols et lutter contre la pollution de l'air.

9. *Allouer à l'armée*, à la justice et à la police les moyens d'assurer la sécurité de tous, en y faisant participer chacun par un service national, étendu à la vie entière par des périodes d'active.

10. *Réduire massivement la dette publique* pour qu'elle ne pèse pas sur les générations suivantes.

Tout cela peut paraître hors de portée. C'est en tout cas très loin des préoccupations des représentants du jeu politique, des comédies dérisoires données par les acteurs de démocraties moribondes.

À nous de faire tous ensemble en sorte qu'elles survivent. C'est possible ; bien des gens aujourd'hui le crient. Et nul ne pourra plus prétendre qu'il n'a pas été prévenu. Aucun mot de plus n'est nécessaire. En tout cas, je n'en connais pas.

NOTES

1. Crédit suisse, « Global Wealth Report 2015 ».

2. OMS, Statistiques sanitaires mondiales, 2015.

3. Development Economics World Bank Group, « Ending Extreme Poverty and Sharing Prosperity : Progress and Policies », octobre 2015.

4. IFPRI, « 2015 Global Hunger Index », 2015.

5. Cambridge Econometrics, « Consumer Prices in the UK : Explaining the Decline in Real Consumer Prices for Cars and Clothing and Footwear », mars 2015.

6. US Bureau of Labor Statistics.

7. *Ibid.*

8. Mary Meeker (KPCB), « Internet Trends 2016, Code Conference », juin 2016.

9. Encyclopedia of Microcomputers, vol. 28.

10. The Size of the World Wide Web.

11. Source : Microsoft.

12. Source : WhatsApp.

13. http://blogdumoderateur.com/chiffres-google/

14. Banque mondiale.

15. European Global Navigation Satellite Systems Agency.

16. www.objetconnecte.net/agriculture-connectee-2701

17. « Tracking Online Education in the United States », Online Report Card, 2015.

18. Jonathan Moules, « MOOCs Help Most Those Without a Degree », *Financial Times*, septembre 2015.

19. « All India Survey on Higher Education », 2013.

20. Wildcat Venture Partners, « China's Startup Boom in Online Learning », juillet 2015.

21. OMS, « From Innovation to Implementation, eHealth in the WHO European Region », 2016.

22. International Federation of Robotics, « World Robotics 2015 Industrial Robots », 2015.

23. « Top 10 Industrial Robot Companies and How Many Robots They Have around the World », *Robotics and Automation News*, juillet 2015.

24. PwC, « The Sharing Economy », 2015.

25. Chiffres rapportés par Cécile Hennion et Christophe Ayad dans un entretien avec Pierre Micheletti, « Le monopole occidental des ONG ne répond plus aux équilibres du monde », *Le Monde*, 21 mai 2016.

26. « Innover par la mobilisation des acteurs : 10 propositions pour une nouvelle approche de l'aide au développement », Rapport d'orientations pour la Direction générale de la mondialisation, du développement et des partenariats, 2014.

27. KPMG, « Philanthropie, l'exception américaine », 2013.

28. David Vine, « The United States Probably Has More Foreign Military Bases Than Any Other People, Nation, or Empire in History », *The Nation*, 14 septembre 2015.

29. « United States Nuclear Forces, 2016. Bulletin of the Atomic Scientists », Hans M. Kristensen et Robert S. Norris, 2016.

30. OMS, « Les niveaux de pollution atmosphérique en hausse dans un grand nombre de villes parmi les plus pauvres au monde », communiqué de presse, 12 mai 2016.

31. D'après Pat Wall, « Responsible Agriculture », International Maize and Wheat Improvement Center in Mexico : www.nature.com/nature/journal/v428/n6985/full/428792a.html

32. OCDE, « Rapport d'étape sur les travaux de l'OCDE concernant les paradis fiscaux », avril 2009.

33. Cour internationale de justice.

34. Banque mondiale, « Women, Business and the Law 2016 : Getting to Equal », 2015.

35. Joshua S. Goldstein, Steven Pinker, « The Decline of War and Violence », *The Boston Globe*, 15 avril 2016.

36. Gareth Cook, « History and the Decline of Human Violence », *Scientific American*, 4 novembre 2011.

37. Michael Shermer, « The Decline of Violence », *Scientific American*, 4 octobre 2011.

38. Hannah Bloch, « Taking the Long View, Is the World Getting More Or Less Violent ? », *NPR*, 16 juillet 2016.

39. Uppsala Conflict Data Program : http://ucdp.uu.se

40. Human Security Report Project, « The Decline in Global Violence Reality or Myth ? », 3 mars 2014.

41. Interview d'Hervé Le Bras par Catherine Calvet, « Le Sahel est une exception démographique », *Libération*, 13 février 2013.

42. Maxime Vaudano, « Migrants : la Méditerranée redevient un cimetière aquatique », *Le Monde*, 6 juin 2016 : www.lemonde.fr/les-decodeurs/article/2016/06/06/migrants-la-mediterranee-redevient-un-cimetiere-aquatique_ 4939137_4355770.html

43. Rémi Barroux, « 48 millions d'enfants migrants ou déplacés de force dans le monde », *Le Monde*, 7 septembre 2016 : www.lemonde.fr/demographie/article/2016/09/07/48-millions-d-enfants-migrants-ou-deplaces-de-force-dans-le-monde_4993616_1652705.html

44. AEE, « L'environnement en Europe : état et perspectives 2015 », mars 2015.

45. *Ibid.*

46. Unesco, Programme mondial pour l'évaluation des ressources en eau, « La pollution de l'eau continue de croître dans le monde entier », 2009.

47. Internal Displacement Monitoring Center, « Global Estimates 2015 : People displaced by disasters », juillet 2015.

48. GIEC, « Cinquième rapport du GIEC sur les changements climatiques et leurs évolutions futures », 2013-2014.

49. OCDE-FAO, « Perspectives agricoles de l'OCDE et de la FAO 2016-2025 », 2015.

50. OCDE, « Agriculture and Water », Réunion des ministres de l'Agriculture, avril 2016.

51. OCDE, « Tackling the Challenges of Agricultural Groundwater Use », mai 2016.

52. Aziz Aris et Samuel Leblanc, « Maternal and fetal exposure to pesticides associated to genetically modified foods in Eastern Townships of Quebec, Canada », *Reprod Toxicol.*, février 2011.

53. Institute for Responsible Technology, « Gluten Disorders : Can Genetically Engineered Foods Trigger Gluten Sensitivity ? ».

54. http://no-patents-on-seeds.org/fr/information/nouvelles/opposition-contre-un-brevet-europeen-sur-la-tomate

55. Statistiques de la Banque mondiale.

56. Emmanuel Saez et Gabriel Zucman, « Wealth Inequalities In The United States Since 1913. Evidence From Capitalized Income Tax Data », octobre 2014.

57. Les chiffres sont ceux avancés par la Commission européenne selon Carl B. Frey et Martin A. Osborne, « The Future of Employment : How jobs are susceptible to computerization », Oxford Martin School, 2013.

58. McKinsey Global Institute, « Poorer than their Parents ? Flat or Falling Incomes in Advanced Economies », juillet 2016.

59. Selon le Pew Research Center, appartient à la classe moyenne un foyer gagnant entre deux tiers et le double du revenu médian, soit entre 42 000 et 125 000 dollars par an pour une famille de trois personnes.

60. Sondage Price, 2013.

61. ONU, Commission économique pour l'Afrique, « Rapport OMD 2015. Évaluation des progrès réalisés en Afrique pour atteindre les Objectifs du millénaire pour le développement », septembre 2015.

62. « Tackling Drug-Resistant Infections Globally. Final Report and Recommendations », *Review on Antimicrobial Resistance*, mai 2016.

63. Citi GPS, « Digital Disruption : How FinTech is forcing banking to a tipping point », mars 2016.

64. Paul J. Davies, « Negative Rates and Insurers : Be Afraid », *Wall Street Journal*, 3 mars 2016.

65. www.lemonde.fr/economie/article/2016/04/18/la-contrefacon-un-marche-de-pres-de-500-milliards-de-dollars_4904439_3234.html

66. Étude du Pew Research Center.

67. Ashley Lutz, « These 6 Corporations Control 90 % of the Media in America », *Business Insider*, 14 juin 2012.

68. « The Elephant in the Room, New Report on Media Ownership », Media Reform Coalition, avril 2014.

69. « Democracy in Australia : Media Concentration and Media Laws », Australian Media Collaboration, avril 2015.

70. Pew Research Center, « State of the News Media 2016 », juin 2016.

71. Arch Puddington et Tyler Roylance, « Anxious Dictators, Wavering Democraties : Global Freedom Under Preasure », Freedom House, 2016.

72. Rapport annuel de Freedom House.

73. Alain Franchon, « La démocratie recule », *Le Monde*, 7 avril 2016.

74. Richard Hiault, « OCDE : Comment récupérer les 240 milliards de dollars d'impôts qui échappent aux États », *Les Échos*, 5 octobre 2015 : www.lesechos.fr/05/10/2015/lesechos.fr/021378823000_ocde-comment-recuperer-les-240-milliards-de-dollars-d-impots-par-an-qui-echappent-aux-etats.htm

75. Richard Rubin, « U.S. Companies Are Stashing $2.1 Trillion Overseas to Avoid Taxes », *Bloomberg News*, 4 mars 2015.

76. Jeremy C. Owens, « Apple Isn't Really Sitting on $216 Billion in Cash », *MarketWatch*, 16 janvier 2016.

77. Jim Edwards, « Goldman Sachs : Half the FTSE 100 is Owned by Foreigners Who Might Sell if There Is a Brexit », *Business Insider UK*, 7 juin 2016.

78. Jean-Philippe Lacour, « Les investisseurs étrangers montent en puissance dans la Bourse allemande », *Les Échos*, 3 juin 2013 : www.lesechos.fr/03/06/2013/LesEchos/214 48-128-ECH_les-investisseurs-etrangers-montent-en-puissance-dans-la-bourse-allemande.htm

79. « Foreign Ownership of Japanese Stock Hits Record for Third Year », *Nikkei Asian Review*, 19 juin 2015.

80. Sue Chang, « Foreign Ownership of U.S. Equities Hits 69-year High », *MarketWatch*, 9 janvier 2015.

81. Opensecrets.org, Top Spenders, 2015.

82. Ian Traynor, « 30 000 Lobbyists and Counting », *The Guardian*, 8 mai 2014.

83. CBS News / New York Times, 8-12 juillet 2016.

84. *Ibid.*

85. D'après Ted Miller, chercheur à l'Institut du Pacifique pour la recherche et l'évaluation.

86. Center for Disease Control and Prevention, « Surveillance for Waterborne Disease Outbreaks Associated With Drinking Water », 2011-2012.

87. Deux rapports publiés en juin 2016 par le Centre pour le contrôle et la prévention des maladies dans le *Journal of the American Medical Association.*

88. Étude conjointe du ministère de l'Éducation américain et du National Institute for Literacy réalisée en 2013.

89. SIPRI.

90. https://fr.sputniknews.com/international/201510221019022657-pyongyang-seoul-armee-securite/

91. AFP, « Pyongyang disposerait de 13 armes biologiques », 17 décembre 2015 : french.yonhapnews.co.kr/

92. Irsem, « La Corée du Nord de Kim Jong-un. Un perturbateur chronique en Asie orientale ? », 2014, d'après le *Livre blanc sur la défense sud-coréen* de 2014.

93. Banque mondiale.

94. *Ibid.*

95. OCDE, « Doing Better for Families », 2011.

96. Sara McLanahan et Gary Sandefur, *Growing Up With a Single Parent*, Harvard University Press, 1994.

97. Miviludes, Rapport au Premier ministre 2011-2012, 2013.

98. Mathieu Carlier, « Comment les sectes envahissent les entreprises », *Huffington Post*, 26 avril 2013.

99. ONUDC, « Criminalité transnationale organisée : l'économie illégale mondialisée », 2009.

100. Chris Matthews, « Fortune 5 : The Biggest Organised Crime Groups in the World », *Fortune*, 14 septembre 2014.

101. Selon une sous-commission britannique des Affaires étrangères, révélé par *The Telegraph* et cité par *Les Échos*.

102. Institute for Economics and Peace, « 2014 Global Terrorism Index », 2014.

103. National Intelligence Council, « Global trends 2030 : Alternative Worlds », décembre 2012.

104. Selon le Center on Religion and Geopolitics de la Tony Blair Faith Foundation, qui produit depuis début 2016 des rapports mensuels sur le nombre d'incidents violents liés à l'extrémisme religieux et à la réponse étatique violente à celui-ci.

105. Eric Lichtblau et Monica Davey, « Homicide Rates Jump in Many Major U.S. Cities, New Data Shows », *The New York Times*, 13 mai 2016.

106. Sophie Eychenne, « Les deux tiers de la population mondiale se déclarent croyants », *Le Monde des religions*, 20 avril 2015 : www.lemondedesreligions.fr/actualite/les-deux-tiers-de-la-population-mondiale-se-declarent-croyants-20-04-2015- 4634_118.php

107. ONU, Département des affaires économiques et sociales, « World Population Prospects : The 2015 Revision », juillet 2015.

108. Statistiques de l'Organisation mondiale de la santé.

109. Chiffres repris de l'OIT par Rémi Barroux, « 230 millions de migrants dans le monde, des flux qui ne cessent d'augmenter », *Le Monde*, 29 mai 2014.

110. Homi Kharas, « The Emerging Middle Class in Developing Countries », Development Centre Working Papers, n° 285, Éditions OCDE, 2010.

111. Deloitte, « La consommation en Afrique. Le marché du XXIe siècle », juin 2015.

112. Grégory Rozières, « Avec la fin de la loi de Moore, la puissance de vos smartphones ne va plus exploser, mais c'est une bonne nouvelle », *Huffington Post*, 28 mars 2016.

113. McKinsey Global Institute, « The Internet of Things : Mapping the Value Beyond the Hype », juin 2015.

114. McKinsey Global Institute, « Disruptive Technologies : Advances That Will Transform Life, Business, and the Global Economy », mai 2013.

115. https://blockchainfrance.net/decouvrir-la-blockchain/cest-quoi-la-blockchain/

116. Encyclopédie Larousse en ligne.

117. McKinsey Global Institute, « Disruptive Technologies : Advances That Will Transform Life, Business, and the Global Economy », *op. cit.*

118. OCDE, « Perspective d'avenir pour la biotechnologie industrielle », 2011.

119. Charlotte Barbaza, « Après les chiens, le clonage de masse d'animaux arrive l'an prochain », *Capital*, 26 novembre 2015 : www.capital.fr/a-la-une/actualites/apres-les-chiens-le-clonage-de-masse-d-animaux-arrive-l-an-prochain-1088285

120. Stuart Dredge, « Three Really Real Questions About the Future of Virtual Reality », *The Guardian*, 7 janvier 2016.

121. Karin Frick & Daniela Tenger, « Smart Home 2030 », GDI, 2015.

122. John P. Reganold et Jonathan M. Wachter, « Organic Agriculture in the Twenty-First Century », *Nature Plants*, 2016.

123. Autodesk, communiqué de presse, avril 2015.

124. Maureen Suignard, Martin Cadoret, « Demain, le numérique aura hacké les temples de l'art », *Libération*, 7 avril 2014 : http://s0.libe.com/fremen/rennes-2013/le-numerique-aura-hacke-les-temples-de-l-art/

125. *Ibid.*

126. www.alphr.com/art/1004252/tate-britain-s-new-ai-finds-art-in-current-affairs

127. PwC, « The Sharing Economy », *op. cit.*

128. Ademe, « Le recyclage : un enjeu stratégique pour l'économie », dossier mis à jour le 20 mars 2015 : www.ademe.fr/expertises/dechets/passer-a-laction/valorisation-matiere/dossier/recyclage/recyclage-enjeu-strategique-leconomie

129. www.lemonde.fr/sciences/video/2016/06/17/recycler-les-dechets-electroniques-avec-de-l-eau-a-500-c_4953064_1650684.html

130. McKinsey Global Institute, « A Labor Market That Works : Connecting Talent With Opportunity In The Digital Age », juin 2015.

131. PwC, « The Sharing Economy », *op. cit.*

132. Ernst & Young, « The Growth of the Middle Class in Emerging Markets », avril 2013.

133. Banque mondiale, « Global Development Horizons. Capital for the Future : Saving and Investment in an Interdependent World », 2013.

134. J. Gabriel Boylan, « 160 Million Missing Girls », *The Boston Globe*, juin 2011.

135. ONU, Département des affaires économiques et sociales, « World Population Prospects : The 2015 Revision », juillet 2015.

136. Gérard-François Dumont, « La géopolitique des populations du Sahel », *La revue géopolitique*, 7 avril 2010.

137. OCDE, « OECD Environmental Outlook to 2030 », 2008.

138. OCDE, « OECD Environmental Outlook to 2050 : The Consequences of Inaction », 2012.

139. GIEC, « Cinquième rapport du GIEC sur les changements climatiques et leurs évolutions futures », 2013-2014.

140. Banque mondiale, « Baissons la chaleur : face à la nouvelle norme climatique », 2014.

141. BRGM, 2011.

142. www.conserve-energy-future.com/various-water-pollution-facts.php

143. ONU, « Rapport mondial 2015 sur la mise en valeur des ressources en eau. L'eau pour un monde durable », 2015.

144. ONU, Département des affaires économiques et sociales, « Population Facts : Trends in International Migration », décembre 2015.

145. Bastien Alex et François Gemenne, « Impacts du changement climatique sur les flux migratoires à l'horizon 2030 », 2016.

146. Carl B. Frey et Martin A. Osborne, « The Future of Employment : How Susceptible Are Jobs to Computerization », *op. cit.*

147. *Ibid.*

148. Michael Chui, James Manyika et Mehdi Miremadi, « Where Machines Could Replace Humans – and Where They Can't (Yet) », McKinsey Quarterly, juillet 2016.

149. Deloitte, « La consommation en Afrique », *op. cit.*

150. https://www.bcgperspectives.com/content/articles/financial-institutions-consumer-insight-global-wealth-2016/?chapter=2#chapter2_section2

151. McKinsey Global Institute, « Poorer Than Their Parents ? », *op. cit.*

152. www.futuristspeaker.com/business-trends/reaching-1-billion-drones-by-2030/

153. Solucom, « Big Data : une mine d'or pour l'assurance », 2015.

154. Statistiques de l'US Department of Agriculture.

155. Banque mondiale, World Development Indicators, International Financial Statistics of the IMF, IHS Global Insight, and Oxford Economic Forecasting, as well as estimated and projected values developed by the Economic Research Service all converted to a 2010 base year.

156. Erin Griffith, « Ones to watch », *Fortune*, 8 juin 2015 : fortune.com/2015/06/08/fortune-500-2025-prediction/

157. KPMG International, « Walking the Fiscal Tightrope », janvier 2013.

158. Franck Dedieu, « Les cinq signes qui font craindre une nouvelle crise économique mondiale », *L'Express*, 7 décembre 2015 : lexpansion.lexpress.fr/actualite-economique/le-temps-de-la-re-crise-economique_1742523.html

159. Intervention de Louis Gautier au colloque « Forces aériennes en 2030. Tendances et ruptures possibles », 21 avril 2016.

160. Jonathan B. Tucker, « The Future of Chemical Weapons », *New Atlantis*, 2010.

161. https://sputniknews.com/world/20160626/1041978229/russia-united-states-navies.html

162. SIPRI, « Trends in World Nuclear Forces, 2016 », juin 2016.

163. Defense News.

164. International Institute for Strategic Studies.

165. Plan stratégique des armées, actualisation 2015.

166. Kyle Mizokami, « The 5 most powerful Navies of 2030 », *The National Interest*, 25 juin 2016 : http://nationalinterest.org/feature/the-5-most-powerful-navies-2030-16723?page=2

167. Jeremy Bender, « China's airpower will overtake the US Air Force by 2030 », *Business Insider*, 3 mars 2016 : http://www.businessinsider.com/china-will-overtake-us-air-force-by-2030-2016-3?IR=T

168. Kyle Mizokami, art. cit.

169. Tous les chiffres de la fin de ce paragraphe et du suivant proviennent de « American Defence College, India-China in 2030 : A Net Assessment of the Competition Between Two Rising Powers », octobre 2012.

170. www.itele.fr/monde/video/nucleaire-la-coree-du-nord-pourrait-posseder-jusqua-100-armes-atomiques-en-2020-113362

171. *Ibid.*

172. Ankit Panda, « South Korea is planning a huge increase in defense spending », *The Diplomat*, 22 avril 2015 : http://thediplomat.com/2015/04/south-korea-is-planning-a-huge-increase-in-defense-spending/

173. Europol, « Exploring Tomorrow's Organized Crime », 2015.

174. *Ibid.*

175. Franck Dedieu, art. cit.

176. Migration policy institute, « Securing Borders. The Intended, Unintended, and Perverse Consequences », janvier 2014.

177. McKinsey Global Institute, « Debt and (not much deleveraging) », 2015.

178. Selon le rapport de Philip A. Karber intitulé « Strategic Implications of China's Underground Great Wall », 2011.

179. https://sputniknews.com/international/201301121 97202205

180. Peter Zeihan, « Analysis : Russia's Far East Turning Chinese », ABC News, 2014.

181. https://sputniknews.com/defense/20151212102023 2574

REMERCIEMENTS

Merci d'abord à Bethsabée Attali, Axelle-Orianne Garnier, Laurine Moreau, Jérémie Attali, Eliot Barragne-Bigot, Louis Cammarata, Bastien Carniel, Florian Dautil, Clément Lamy, Enis Mansour, qui ont bien voulu relire ce manuscrit, en discuter avec moi, et revoir toutes les notes et toutes les statistiques.

Merci à Marie-Jo Dinis, qui a assuré la frappe de quelques-unes des versions successives de ce texte.

Merci à Sophie de Closets, Diane Feyel, Marie-Laure Defretin et David Strepenne, qui en assurent l'édition chez Fayard.

Toutes les erreurs sont miennes. Je serai heureux de recevoir les commentaires de mes lecteurs (j@attali.com).

TABLE DES MATIÈRES

Du même auteur

Essais

Analyse économique de la vie politique, PUF, 1973.
Modèles politiques, PUF, 1972.
L'Antiéconomique (avec Marc Guillaume), PUF, 1974.
La Parole et l'Outil, PUF, 1975.
Bruits, PUF, 1977, nouvelle édition, Fayard, 2001.
La Nouvelle Économie française, Flammarion, 1978.
L'Ordre cannibale, Grasset, 1979.
Les Trois Mondes, Fayard, 1981.
Histoires du Temps, Fayard, 1982.
La Figure de Fraser, Fayard, 1984.
Au propre et au figuré. Histoire de la propriété, Fayard, 1988.
Lignes d'horizon, Fayard, 1990.
1492, Fayard, 1991.
Économie de l'Apocalypse, Fayard, 1994.
Chemins de sagesse : traité du labyrinthe, Fayard, 1996.
Fraternités, Fayard, 1999.
La Voie humaine, Fayard, 2000.
Les Juifs, le monde et l'argent, Fayard, 2002.
L'homme nomade, Fayard, 2003.
Raison et Foi – Averroès, Maïmonide, Thomas d'Aquin, Bibliothèque nationale de France, 2004.
Une brève histoire de l'avenir, Fayard, 2006, nouvelle édition, 2009-2015.
La Crise, et après ?, Fayard, 2008.
Le Sens des choses, avec Stéphanie Bonvicini et 32 auteurs, Robert Laffont, 2009.

Survivre aux crises, Fayard, 2009.

Tous ruinés dans dix ans ? Dette publique, la dernière chance, Fayard, 2010.

Demain, qui gouvernera le monde ?, Fayard, 2011.

Candidats, répondez !, Fayard, 2012.

La Consolation, avec Stéphanie Bonvicini et 18 auteurs, Naïve, 2012.

Avec nous, après nous... Apprivoiser l'avenir, avec Shimon Peres, Fayard/Baker Street, 2013.

Histoire de la modernité. Comment l'humanité pense son avenir, Robert Laffont, 2013.

Devenir soi, Fayard, 2014.

Peut-on prévoir l'avenir ?, Fayard, 2015.

100 jours pour que la France réussisse, avec la collaboration d'Angélique Delorme, Fayard, 2016.

Le destin de l'Occident : Athènes-Jérusalem, avec Pierre-Henry Salfati, Fayard, 2016.

Dictionnaires

Dictionnaire du XXIe *siècle*, Fayard, 1998.

Dictionnaire amoureux du judaïsme, Plon/Fayard, 2009.

Romans

La Vie éternelle, roman, Fayard, 1989.

Le Premier Jour après moi, Fayard, 1990.

Il viendra, Fayard, 1994.

Au-delà de nulle part, Fayard, 1997.

La Femme du menteur, Fayard, 1999.

Nouv'Elles, Fayard, 2002.

La Confrérie des Éveillés, Fayard, 2004.
Notre vie, disent-ils, roman, Fayard, 2014.

Biographies

Siegmund Warburg, un homme d'influence, Fayard, 1985.
Blaise Pascal ou le Génie français, Fayard, 2000.
Karl Marx ou l'Esprit du monde, Fayard, 2005.
Gândhî ou l'Éveil des humiliés, Fayard, 2007.
Phares. 24 destins, Fayard, 2010.
Diderot ou le bonheur de penser, Fayard, 2012.

Théâtre

Les Portes du Ciel, Fayard, 1999.
Du cristal à la fumée, Fayard, 2008.
Théâtre, Fayard, 2016.

Contes pour enfants

Manuel, l'enfant-rêve (ill. par Philippe Druillet), Stock, 1995.

Mémoires

Verbatim I, Fayard, 1993.
Europe(s), Fayard, 1994.
Verbatim II, Fayard, 1995.
Verbatim III, Fayard, 1995.
C'était François Mitterrand, Fayard, 2005.

Rapports

Pour un modèle européen d'enseignement supérieur, Stock, 1998.

L'Avenir du travail, Fayard/Institut Manpower, 2007.

300 décisions pour changer la France, rapport de la Commission pour la libération de la croissance française, XO/La Documentation française, 2008.

Paris et la Mer. La Seine est Capitale, Fayard, 2010.

Une ambition pour 10 ans, rapport de la Commission pour la libération de la croissance française, XO/La Documentation française, 2010.

Pour une économie positive, groupe de réflexion présidé par Jacques Attali, Fayard/La Documentation française, 2013.

Francophonie et francophilie, moteurs de croissance durable, rapport au Président de la République, La Documentation française, 2014.

Beaux livres

Mémoire de sabliers, collections, mode d'emploi, Éditions de l'Amateur, 1997.

Amours. Histoires des relations entre les hommes et les femmes, avec Stéphanie Bonvicini, Fayard, 2007.

Cet ouvrage a été imprimé en France
par CPI Bussière
à Saint-Amand-Montrond (Cher)
en novembre 2016

Composition et mise en pages
Nord Compo à Villeneuve-d'Ascq

PAPIER À BASE DE
FIBRES CERTIFIÉES

Fayard s'engage pour
l'environnement en réduisant
l'empreinte carbone de ses livres.
Celle de cet exemplaire est de :
0,750 kg éq. CO_2
Rendez-vous sur
www.fayard-durable.fr

75-5933-2/04

N° d'impression : 2026996